C

À la suite du décès d'un proche, Corine Sombrun, pianiste et compositeur d'origine française, décide de suivre l'enseignement d'un chaman péruvien, et retrace cette aventure dans le récit *Journal d'une apprentie chamane* (Albin Michel, 2002). Elle fait de son voyage au Pérou un reportage pour la BBC qui connaît un très grand succès lors de sa diffusion. La grande chaîne d'information britannique lui commande ensuite un documentaire sur les chamanes de Mongolie. Son deuxième voyage initiatique est lui aussi narré avec humour et autodérision dans *Mon initiation chez les chamanes : une Parisienne en Mongolie*, publié en 2004 chez Albin Michel.

Corine Sombrun vit actuellement à Londres, où elle exerce son métier de musicienne.

MON INITIATION
CHEZ LES CHAMANES

CORINE SOMBRUN

MON INITIATION CHEZ LES CHAMANES

Une Parisienne en Mongolie

ALBIN MICHEL

© Éditions Albin Michel S.A., 2004
ISBN 2-266-14913-X

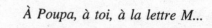

À Poupa, à toi, à la lettre M...

I

Jour J – x

x est le temps, inconnu mais certain, qui nous sépare du jour où la vie bascule.

1.

Voilà. Je l'ai fait. Comme un coup de poker. « Pour voir. » J'ai suivi le signe, né de ce rêve fait en Amazonie, peu après mon initiation à l'Ayahuasca comme apprentie chamane. Rêve d'un chant soufflé par... toi ? Toi qui m'as dit « à tout' », sans me dire le lieu du rendez-vous. Je suis dans la merde. Ici. Prisonnière de la vie. Dans cet espace où le souvenir d'un serment, aussi fou que notre amour, m'empêche de te suivre. Tu m'as fait promettre. De te retrouver sans passer par la case Mort. « Je » de piste. Cruel. Saupoudré d'indices qui m'ont conduite ici. En Mongolie.

Aujourd'hui je me demande. Jusqu'où mon cœur pourra combattre ce que ma raison veut ignorer. Forcée à écouter ce qu'elle vient d'apprendre...

Mongolie, 25 août

Extérieur : Jour J – 4. Steppe.
Intérieur (de moi) : Le sourire de la Joconde...

Le 4x4 déborde de sacs, de cartons, de musique. À fond sur la piste des chamanes, il cahote, tout fier de porter mon espoir, épuisé de devoir balancer ses jambes en avant pour avancer vers toi. Si loin, si proche. Futur proche. Pas le passé. Plus le passé. Juste le présent. Je note. Que j'ai la tête coincée entre des idées noires et la seule vitre non obstruée par les bagages. Pas les miens, ceux de ces grosses femmes mongoles qui achètent en Chine les rêves des autres pour les leur vendre. Vêtements, stylos, cahiers. Elles m'envahissent. Elles m'écrasent. Il y en a deux en face de moi, leurs pieds amarrés à mes fesses et deux à côté de moi, les coudes dans mes côtes, leur graisse vautrée sur mes épaules pas larges. Naraa se met à rire. « Tu sais qu'il faut les mériter, les chamanes. Ça va durer trente heures !... »

Naraa a été élevée dans la steppe. Les chamanes, c'est sa culture. Mais Naraa aujourd'hui va souvent en France pour importer en Mongolie des produits de beauté. Lors d'un de ses voyages, des amis communs lui ont parlé de mon projet d'aller à la rencontre de « ses » chamanes. Elle a proposé de me rencontrer. Nous nous sommes retrouvées à Paris, peu après mon retour d'Amazonie. Je lui ai expliqué qu'en plus d'une « recherche personnelle », je devais faire un reportage pour la radio. Pour BBC World. Comme celui que je venais de faire en Amazonie, auprès d'autres chamanes. Naraa m'a dit que les chamanes mongols se méfiaient des étrangers et que sans son aide je n'avais aucune chance de les rencontrer. Mon air déçu l'a fait rire, Naraa rit toujours, puis avec son accent mongol elle m'a dit : « T'inquiète, je vais t'emmener ! Je dois justement consulter des chamanes pour leur demander la raison de la maladie cardiaque de mon frère aîné. » Un ton plus bas elle a ajouté : « Je dois aussi demander où se trouve mon petit frère. Il est mort l'année précédente... »

J'enregistre l'ambiance du 4x4, une ambulance de l'époque russe recyclée en minibus qu'ils appellent *van*. J'enregistre le son des voix, de la musique à fond, de moi qui étouffe et de Naraa qui rigole. Matériel léger. Juste un minidisque, deux micros, un casque et des piles. Tout ça dans un sac étanche bleu. Survivant de mon aventure en Amazonie. Tout est branché en permanence. Prêt à enregistrer, même les espaces entre deux pensées.

Six. Nous sommes six dans ce vide de deux mètres carrés condescendu par les cartons et les sacs branlants. Huit heures que ça dure, que je dois adopter une position et ne plus en changer. Je rêve de stretching, je rêve d'un paysage qui change, juste pour pouvoir me dire qu'on avance. Ciel bleu, herbe jaune et collines. Ciel bleu, herbe jaune et collines. Steppe à l'infini. Comme une houle de tempête dont les vagues se suivent sans jamais changer de rythme. Une fois en haut. Une fois en bas. La poussière pousse l'air. J'ai mal au cœur. Mal aux rêves...

Ça sent l'oignon frit. Je regarde Naraa. Elle dort. Comment elle fait ? Je ne peux même pas demander aux grosses, je ne parle pas mongol. Elles n'arrêtent pas de mâcher. Ça va du chewing-gum aux pignons de pin qu'elles attrapent dans une pomme de pin sortie d'un sac rempli de pommes de pin. Autant que d'heures de voyage, on dirait. Elles cassent la coque entre leurs dents, aspirent l'amande puis crachent la coque dans un petit bruit de soufflage mouillé. Le van s'arrête. Naraa se réveille. Arrêt pipi, apparemment. Ça fait du bien. Mais la steppe est plate et sans arbres. Il va falloir marcher pendant des lustres pour trouver un creux ou une bosse de terrain qui nous protégera des regards indiscrets.

Mission accomplie. Remontée en enfer.

Saute, roule, saute. Roule, saute, saute. Dans un trampoline qui fait souffrir mes seins. En Mongolie les véhicules devraient porter sur le pare-brise la mention « Soutien-gorge obligatoire ».

La nuit tombe. Seuls les phares jaunes éblouissent ce noir immense, rythmé par le bruit du moteur et la musique à fond. Elle coule dans mes oreilles comme une guimauve au sirop. Le deejay a fait un mixte chinois-mongol. Je déteste. Un carton pousse ma tête en avant, m'obligeant à courber l'échine. Devant ma rage. Devant ma peur de ne pas te retrouver. De ne pas retrouver ma vie. Envolée avec toi.

À Paris, une anthropologue, spécialiste de la Mongolie, m'a carrément déconseillé de faire ce voyage. Sous le prétexte que les chamanes de Mongolie sont très difficiles à rencontrer, qu'ils se méfient des étrangers, que leur connaissance est très secrète et uniquement transmise à ceux qui ont été « désignés » par les esprits.

— Vous avez été désignée par les esprits ? m'avait-elle demandé.

— Non, heu, je ne sais pas...

— Alors vous n'avez aucune chance de devenir apprentie chamane en Mongolie...

Elle avait raccroché. Mais ses mises en garde n'ont servi à rien. J'ai quand même décidé de suivre le signe que j'avais reçu lors de ce rêve fait en Amazonie, ce rêve dans lequel un jeune homme me demandait d'écouter et de reproduire un chant diphonique. Le chant diphonique se pratique en Mongolie et chez les Touvas, une population de Sibérie. Pas en Amazonie.

C'est un chant sacré, qui consiste en l'émission simultanée de deux sons. Je m'étais alors posé la question. Pourquoi avoir rêvé de cette technique mongole lors d'une initiation en Amazonie ? Était-ce un signe ? Une piste à suivre ? J'ai tenté. J'ai décidé. De rencontrer des chamanes mongols et, sans espérer devenir leur apprentie, d'au moins enregistrer les cérémonies pour la BBC. Il fallait que je voie, que je sache, si c'était vraiment un signe ou si je devenais folle. De toute façon depuis ta mort je n'ai plus rien à perdre, je me fous des conséquences. Voilà.

Le yo-yo décolle de son bagage pour écraser ses cheveux au plafond. Je ris. Au moins un mouvement qui fait respirer mon postérieur crampeux. Tout le monde dort. Naraa aussi. Je ne peux même plus me plaindre. C'est pourtant plus facile à supporter la douleur quand on peut la grimacer aux autres. Encore vingt heures à tenir. À souffrir. Pas à dormir. Comment font-ils ? Et si c'était ça mon libre arbitre ? Le choix entre souffrir et dormir. Je vais hurler. Les réveiller. Leur sauter dessus. Ou sauter par la fenêtre, qui au rythme des kilomètres s'est lentement transformée en carte du ciel. Véga est là, jouant à l'élastique avec Deneb et Altaïr. Rien que pour moi. C'est là que tu es. Que je dois aller te chercher parce que dans le mot « étoile » il y a *t-o-i...*

Un éclat de rire. La lune est là, qui tinte comme du cristal. C'est le rire de Naraa. Le dernier choc l'a réveillée ! Pas trop tôt. Je crois que c'est ma tête qui la fait rire. Ronchon sans limites.

— C'est encore loin ?
— T'inquiète. On arrive toujours !

Ça c'est la réponse qui m'énerve le plus au monde. Je la remercie.

— Pourquoi tu dors pas ?

No comment.

— Tu sens cette odeur d'oignon frit ?

Mon nez fait oui.

— C'est les pneus qui chauffent. Bientôt ça sentira le caoutchouc brûlé...

Mörön, 26 août

Extérieur : Jour J – 3
Intérieur (de moi) : Orangina...

Une ville en bois, enfin, surgit du soleil couchant. Naraa m'annonce que c'est Mörön, la fin de l'étape. Des chevaux attendent devant les maisons. Ambiance Far West, avec des side-cars rouges qui sillonnent les routes de terre en faisant de l'écume de poussière. À fond. Nous « tombons » littéralement du van. Secouées et mûres à point. Naraa tente un pas, qui s'irise d'un nuage de poussière.

Nous montons les marches en bois d'un hôtel en bois dont la peinture bleu ciel s'écaille. Une dame en jupe grise nous conduit à la seule chambre disponible. Elle ouvre la porte avec une poignée dont le bout est un carré ; la clef. Deux petits lits nous attendent, avec une grosse thermos rouge posée sur une table en bois. Les rideaux de la fenêtre volent. « Il n'y a pas de salle de bains ? » Non, répond Naraa, qui propose de demander une bassine d'eau froide. « Et les toilettes ? » Elle me montre un cercueil vertical planté dans l'herbe sèche du jardin. Mort à l'ammoniaque. Le crime parfait.

Mörön, 27 août

Naraa est partie tôt ce matin, à la recherche d'un chauffeur qui pourrait nous conduire dans le village où habite le chamane qu'elle veut consulter. D'après elle il faudra attendre plusieurs jours ici avant d'en trouver un. Je trempe dans une bassine en métal remplie d'eau froide, lorsque la porte de la chambre s'ouvre violemment.

— T'as une chance incroyable ! me lance Naraa. J'ai déjà rencontré un chauffeur qui va dans le même village que nous...

— C'est génial ! C'est loin ?

— À deux cents kilomètres au nord, sur les plateaux. Personne ne va jamais là-bas et ce chauffeur doit justement y faire un aller-retour pour récupérer sa femme.

— Ça va prendre combien d'heures ?

— Une quinzaine, alors dépêche, il nous attend...

Je sors de la bassine. L'eau goutte sur le plancher. On dirait des larmes de fatigue.

Nous voilà devant un van gris. Notre nouveau chauffeur s'appelle Ganbold. Naraa a négocié le « transfert » pour seize mille tögrög, soit seize euros. Ça va. Sauf qu'on doit attendre cinq heures avant de partir. Cinq heures à se faire entasser des caisses de vodka et de bière sous les pieds, sous les fesses, contre la tête...

Départ. La femme dans laquelle mes genoux sont plantés porte un *del*, l'habit traditionnel mongol, qui consiste en une sorte de manteau long à col Mao. Le sien est en tissu violet avec une ceinture en soie plissée jaune citron. Super-beau. Elle porte aussi une énorme cicatrice sur le visage, une brûlure due à un feu dans sa yourte quand elle était petite. Les autres ont les dents pourries. C'est pire que le train fantôme. Départ. Les emplacements de chacun se coulent dans les interstices du van. Des yeux se ferment déjà. Je m'abandonne au croquage de pignons. Sans oublier d'en offrir aux autres passagers. Ici on partage tout.

Dix heures plus tard, derrière la vitre cahotante, la nature impose son rythme à mes pensées. J'ai l'impression soudaine de traverser l'espace qui nous sépare. Espace saturé d'une odeur de mélèzes. Nous traversons une petite forêt, nous franchissons un col. Les nuages sont des chaussons blancs qui voguent sur la surface invisible du ciel, transforment ce ciel en une mer dont le fond est la steppe. Je suis au fond du ciel. Avec l'ombre des nuages, qui n'a pas la même forme que le nuage. Quelle forme de la vie est-ce que je vois du fond de mon ciel ? Son image ou sa projection ? Le van s'arrête devant une maison en rondins. Un restaurant. Je m'installe à une table avec les autres. Naraa est restée dans le camion. Elle profite de l'arrêt pour dormir. Il fait hyper-chaud. J'ai faim. Deux hommes démontent une roue du camion. Toujours un truc à bricoler. Le thé au lait arrive. Très salé. Je n'en bois pas. Je fais comprendre que je veux une bière en désignant une canette blanche. *Hite*. C'est le nom. Le reste est écrit en chinois. On me sert. Je bois trois gorgées glacées et j'offre le reste à mes copains de route. Ils sont d'abord surpris, puis ils se passent la canette en m'adressant des sourires. Des plats de pâtes au gras de mouton sont apportés. Bien bombés. Tout fumants. Je dévore.

On repart. Naraa ne s'est même pas réveillée ! Un des hommes à qui j'ai offert la bière en tient une dans sa main. Qu'il fait passer de main en main jusqu'à moi. Pour moi ? Signe affirmatif. Je décapsule. Je bois. C'est chaud. Chaud dans mon cœur. Je fais passer. Nous plongeons dans une vallée pleine de petits miroirs. L'eau est partout, reflétant le soleil couchant comme une traînée de lumière...

La nuit est tombée. Au sommet d'un col les phares du van révèlent soudain la présence d'une douzaine de pyramides. Le chauffeur coupe le moteur. Le silence réveille tout le monde. Qu'est-ce que c'est que ces pyramides ? Tout le monde descend pour se diriger vers elles. Naraa me dit que ce sont des *Ovoos*. Je regarde les monticules de bois et de pierres. Elle m'explique que les Ovoos sont placés au sommet de certaines collines en guise d'offrande aux esprits et qu'on doit toujours s'arrêter devant les plus importants pour honorer les esprits. Le rituel est de faire trois fois le tour de l'Ovoo dans le sens des aiguilles d'une montre, de jeter une offrande à chaque tour ; un caillou, de la vodka, des cigarettes, et de faire un vœu. Les Ovoos sont sacrés. Toute personne qui ne respecte pas ce rituel peut tomber malade ou même mourir. Je fais le rituel. Sans oublier le vœu.

On s'en va. Réentassage dans la voiture. Le chauffeur, après avoir consciencieusement collé son chewing-gum dans le pavillon de son oreille, ouvre une bouteille de vodka, remplit une tasse en aluminium, y trempe son annulaire, lance une goutte vers le ciel, retrempe, lance une goutte dans le vent, retrempe, lance une goutte vers la terre et finit par boire une gorgée. Silence. Il remplit de nouveau la tasse. Pour son voisin, cette fois. Qui fait la même chose. Ça arrive à moi, dont les sourcils sont en forme de question. Tout le monde me regarde. Naraa me fait signe de faire comme les autres. « Obligée ? » C'est dégueulasse de boire dans la tasse où tous les annulaires et les bouches ont trempé ! Signe affirmatif de Naraa. Je pointe un index pour lui dire que d'accord, je bois, mais juste une fois. Et je comprends, trop tard, que pour eux ce signe veut dire « cul sec ». Ils se mettent alors à applaudir et à chanter un air genre « Et glou et glou et glou », jusqu'à ce que j'aie avalé la dernière goutte de vodka. Je secoue la tête. Ça aide. Au suivant ! Qui pointe aussi l'index et boit cul sec.

Naraa m'explique que, dans la tradition mongole, l'âme entre dans le fœtus par l'annulaire. Étant donné qu'il faut toujours nourrir son âme avant de nourrir son ventre on doit d'abord tremper son annulaire dans la boisson avant d'y tremper sa bouche. Avec ce même annulaire on doit faire une offrande au ciel, une au vent et une à la terre.

Trois tours de tasse plus tard, tout le monde se met à chanter. Je compte. Quinze. Quinze têtes les unes au-dessus des autres se caressent de leur souffle chaud. Et moi parmi eux, défoncée par les limites qui craquent...

Roule, roule, saute. Saute, roule, saute. J'ai fini par retrouver mon arme secrète. Un petit coussin bleu marine, que j'ai gonflé devant l'œil éberlué de mes voisins de galère et voluptueusement installé autour de mon cou qui rebondit de joie sur sa bouée bleue. Tiens ! On croise une voiture. Arrêt général. On se connaît, on se tape sur l'épaule et qu'est-ce qu'on fait ? Vodka ! Élevée au « boire ou conduire », je flippe.

2.

28 août, la piste...

Extérieur : Jour J – 1.
Intérieur (de moi) : Vous qui habitez le temps...

Nous avançons sur un immense plateau de prairies, nous franchissons une rivière bordée de mélèzes, nous traversons des plaines, encore plus immenses que les autres. Paysage de Savoie entouré d'un écrin vert foncé qui grimpe les montagnes. À l'infini. L'œil n'a aucune limite dans ce pays. Je commence à prendre sa vastitude en plein cœur. Comme quelque chose qui gonfle, qui gonfle...

— Tu crois qu'on va arriver à trouver le chamane ?

— J'espère. Ganbold a demandé aux gens qu'on a croisés. Il paraît qu'il n'est pas dans le village vers lequel nous allons...

Je me tais. Nous approchons d'un gros champignon blanc entouré de cabanes en rondins et d'un enclos à yaks. Une yourte ! Elle ponctue l'espace comme une virgule au milieu d'une phrase. C'est peut-être ça la vie. Une virgule au milieu d'une phrase. Ceux-là au moins peuvent écouter la musique à fond. Le van s'arrête.

— C'est la yourte du chamane ?

— Non. Et puis on ne dit pas « yourte ». Yourte, c'est le nom russe. En mongol on dit *ger*. (Prononcer « guer ».)

— Bien, chef. Alors pourquoi on s'arrête devant cette... ger ?

— Parce que c'est la maison de Ganbold.

Une jeune femme, maigre, en sweat blanc et pantalon de jogging blanc sort de la ger pour se diriger vers nous. Un grand sourire illumine son visage. Ganbold nous présente sa femme, Otgonpurev.

Tout le monde descend, s'étire. Naraa discute avec Ganbold et Otgonpurev. Je m'approche. J'écoute les voyelles. Elles font des bulles. Naraa a soudain les oreilles qui se dressent. Elle me regarde, parle à Ganbold, me regarde, « C'est incroyable ! », se retourne vers Ganbold, parle. Parle. Pour finir par m'adresser la parole :

— Ganbold et Otgonpurev proposent qu'on les accompagne !

— Et c'est ça qui est incroyable ?

Devant ma mine elle éclate de rire.

— Non, ce qui est incroyable c'est que ce soir ils doivent aller voir un chamane ! Et comme ils nous trouvent sympas, enfin surtout moi, ils proposent de nous emmener. T'as vraiment de la chance, tu sais ? On part dans un quart d'heure. Mais le plus étonnant...

Je n'écoute plus. Je sais que tu me guides, que j'irai là où je dois aller. C'est comme ça depuis ta mort. Ce qui m'arrive ne me semble pas dû au hasard.

— Tu m'écoutes ? s'énerve Naraa. Figure-toi que, depuis un an, Otgonpurev est malade. Elle tombe parce

23

qu'elle perd connaissance, elle maigrit, elle fait des cauchemars. Alors Ganbold a décidé d'aller voir le chamane qui habite près d'ici. Il s'appelle Balgir. Ce chamane a fait une cérémonie pour demander aux esprits la raison des problèmes d'Otgonpurev. Les esprits ont dit qu'ils l'avaient « désignée », et qu'ils la rendraient malade jusqu'à ce qu'elle accepte de suivre l'enseignement réservé aux chamanes...

— Mais comment on sait qu'on est chamane ?

— Soit par hérédité, soit parce qu'une personne se met soudain à avoir des accès de démence, des crises d'épilepsie, des pertes de connaissance. Des proches peuvent mourir, le bétail est décimé... Tous ces événements sont interprétés en Mongolie comme un avertissement des esprits, une mise en garde qui doit conduire ceux qui en sont victimes à comprendre qu'ils sont chamanes...

— Et Otgonpurev serait chamane ?

— Apparemment. Tu vois, tu voulais être apprentie chamane, et tu te retrouves justement avec une apprentie chamane !

Silence. Je bloque. Entre deux pensées.

— La cérémonie de ce soir, c'est quoi ?

— C'est une sorte d'intronisation, pendant laquelle le chamane va dire aux esprits qu'Otgonpurev a enfin compris qu'elle était chamane et qu'ils devaient immédiatement arrêter de l'embêter !

Ce soir ? Naraa a compris mon regard.

— Il n'est pas certain que tu puisses assister à ce genre de cérémonie. Les chamanes y acceptent rarement des étrangers...

— On y va quand même ?

Elle est d'accord. D'autant que le chamane qu'on

devait rencontrer semble s'être évanoui dans la steppe. Inspiration. C'est ça l'inspiration. C'est inspirer.

Naraa pénètre dans la ger en me faisant signe d'attendre là. J'ai la désagréable impression d'être un chien qui attend son maître. Je vais m'asseoir dans l'herbe de cette infinie prairie. Juste pour me sentir moins dépendante. Je n'aime pas être dépendante de la vie. Un jour je la quitterai. Et ça ne fera aucun bruit. Ou à peine le souffle de ce yak qui s'approche de moi en faisant semblant de brouter. Six mètres, quatre, trois, deux... C'est lui qui s'approche de moi. Lui, qui est en mouvement autour de moi. Je ne bouge pas. Seule la fumée sortant de ma bouche montre que je suis vivante. Dedans. Il est tout noir, black beauty, avec une tache blanche sur le front et des poils très longs qui traînent dans le silence. Le son d'un galop de cheval traverse mon temps. Vague de fond. Vais-je te retrouver dans ce pays des chamanes ? Que faut-il faire du passé ? Faut-il l'oublier pour ne pas souffrir dans le présent ? Comment aimer le présent sans le passé ? Aimer quoi dans le présent ? L'instant ? Sans mémoire alors. C'est la douleur du passé dans le présent qu'il faut détruire. Pour aimer le présent. Pour aimer de nouveau. C'était ça le message de la lune, hier soir ? La clef de ce voyage. Peut-être. Il faut aller loin pour comprendre. « Tu viens ? » hurle Naraa, postée devant la ger. Je sursaute.

— On va où ?

— On va boire le thé !

— Dans la ger ? C'est la première fois que j'entre dans une ger.

— Et tu entres du pied droit. Pas du pied gauche. C'est le rituel.

Naraa m'explique que le tissu blanc autour de la ger est du feutre, fabriqué à partir de la laine des yaks. Plus il fait froid, plus on met de couches de feutre. La porte par laquelle on entre est très basse, en bois. Il faut se plier en deux pour entrer. « Une fois à l'intérieur, me dit Naraa, les hommes doivent s'installer à gauche, à l'ouest, sous la protection de Tenger, le dieu du ciel. Les femmes doivent s'installer à droite, à l'est, sous la protection du soleil. Vers le fond de la ger, et un peu à l'ouest se trouve la place des invités... » Naraa me pousse du bon côté. Je n'ai pas le sens de cette orientation. Otgonpurev m'adresse un grand sourire. Je le lui rends en m'asseyant sur un petit lit. Il y en a seulement deux. Un à l'est, un à l'ouest. « La place opposée à la porte, au nord de la ger, est celle des anciens, des invités d'honneur, chuchote Naraa. C'est le *khoïmor*, l'endroit où se trouve le coffre aux trésors de la famille... » Je regarde. Le coffre est une boîte de planches décorée de dessins géométriques orange, vert, bleu et jaune. Un gros cadenas pend sous la serrure.

Le poêle, dont le tuyau s'échappe par un grand trou au sommet de la ger, occupe le centre de la pièce. Deux piliers orange sont placés de part et d'autre pour soutenir le toit. Naraa dit qu'il est interdit de passer entre les piliers et que la couleur orange symbolise le soleil.

Otgonpurev me tend un bol de thé au lait. J'approche ma main pour le prendre.

— Baisse tes manches ! crie Naraa. Tu ne dois pas avoir les avant-bras découverts lorsque tu reçois un cadeau.

Otgonpurev sourit. Je baisse mes manches.

— Maintenant tu prends le bol que te tend Otgonpurev avec ta main droite, la main gauche devant soutenir ton bras droit au niveau du coude...

Tout le monde me regarde avec indulgence. Le thé arrive enfin dans ma tasse.

— Et on doit faire ça à chaque fois ?

Regard affirmatif de Naraa. Je n'ai plus qu'à boire mon thé au lait, salé, en les écoutant parler...

Une heure plus tard tout le monde se lève. « On va voir le chamane ? » Un « T'inquiète ! » me claque au nez. Il paraît que nous repartons vers un autre village pour déposer les passagers du van. Otgonpurev monte à l'avant avec son mari. Je repars dans ma bulle. Petit cahotage méditatif au soleil rasant.

Le van s'arrête devant une cabane en rondins. Naraa me fait signe de la suivre. Nous entrons dans la cabane. C'est un magasin ! Je m'approche du comptoir pour découvrir les marchandises disposées sur les étagères en bois. Le plaisir que j'éprouve à l'idée d'acheter me fait réaliser que ça me manquait... J'achète donc de la vodka pour Ganbold, du chocolat pour Otgonpurev et pour moi. Et encore de la vodka pour le chamane, parce que ça y est, cette fois c'est sûr, on part le rejoindre...

Il vit à soixante kilomètres d'ici. Ce qui veut dire cinq heures de piste. De quoi bien secouer mon mal-être. Le ciel se couche. Nous ne sommes plus que quatre dans le van. Je peux allonger mes jambes. Naraa m'explique que ce chamane, Balgir, est très puissant et qu'il vient de remporter la première compétition de chamanes organisée cette année à Ulan-Batar. Surprise dans mon œil.

— Il y a des compétitions ?

— Bien sûr. Cette année, l'épreuve de Balgir a été d'arriver à ce qu'une femme du public tombe amoureuse de lui.

— Comment ? Par la magie ?

— Oui. Et il y est arrivé ! La jeune femme est restée

à ses pieds jusqu'à ce qu'il décide que la preuve de son pouvoir était suffisamment démontrée. Il lui a rendu sa liberté. Elle ne s'était rendu compte de rien...

— Et il peut faire ça à n'importe qui ?

— C'était une compétition ! Il ne doit pas faire ça pour s'amuser, sinon il perd des années de vie...

— Combien ?

— Ça t'intéresse ?

— Ben oui ! Et puis ça me serait égal de perdre des années de vie si ça en valait la peine...

— De toute façon t'es pas chamane !

— Et pourquoi pas ? Imagine que tous les problèmes que j'ai eus jusqu'à présent soient justement le signe. Ganbold a bien dit que si on perdait des proches ça pouvait vouloir dire que les esprits voulaient nous mettre sur la voie, qu'on était chamane et qu'on aurait des problèmes jusqu'à ce qu'on le comprenne. C'est peut-être pour ça que je suis ici...

— Tais-toi, andouille, tu me fais peur ! Et puis c'est pas parce qu'on perd des proches ou qu'on a des problèmes de santé qu'on est forcément chamane. En tout cas, ce soir on saura. Espère seulement qu'il ne te jette pas un sort pour que tu tombes amoureuse de lui !

Gloussements. Jaunes.

— Il est beau ?

— Ça m'étonnerait qu'il te plaise !

On approche d'un pont, les cahots deviennent plus doux. « Cache-toi ! » souffle Naraa en poussant ma tête sous le siège. Je plonge. Elle envoie un anorak sur mon dos. Le van s'arrête. J'entends Ganbold parlementer. Si au moins je comprenais cette putain de langue. Je sens des petites tapes amicales sur ma tête recouverte. Sûrement Naraa qui veut rassurer la bête. Le van redémarre. « C'est bon, tu peux te relever ! » J'émerge, la tête ébouriffée.

— Il s'est passé quoi, au juste ?

— Ce pont est une frontière qui marque l'entrée d'une sorte de parc national ; les étrangers doivent payer un droit d'entrée, pas les Mongols. T'as économisé cinq mille !

Des tögrög, s'entend. Ce qui fait cinq euros... Et on ne boit pas de vodka pour fêter ça ? Ganbold est déjà en train de sortir la bouteille. On dirait que je commence à comprendre la pensée mongole. Lorsque la tasse arrive à moi, je bois tout d'un coup et je lève mon pouce. Voilà.

Trois heures de cahotage plus tard, pendant lesquelles Naraa m'explique comment offrir la vodka au chamane, nous pénétrons dans une forêt pleine de boue et d'ornières. Minuit. Il paraît qu'il n'habite pas loin, maintenant. J'ai le trac. Peut-être d'enfin avoir une réponse. Ou plutôt de ne pas l'avoir. Les roues patinent. Regards vers Ganbold. On est embourbés ? Le van penche à droite. Les lampes de poche s'allument. Sortie du van. Il trempe dans au moins vingt centimètres de boue. Trente pour les roues de droite. Ma carcasse s'agite : « On va quand même pas passer la nuit dans la boue, sans chauffage, dans ce froid ! Et la cérémonie ? On va la rater ! On peut pas aller chercher des branches ? Trouver des pierres ? Qu'on mettrait sous les roues ? » Questions totalement incongrues. Eh bien, je ne dirai plus jamais rien. Voilà. Débrouillez-vous.

Chewing-gum au pavillon – armez – buvez ! Avec la musique à fond, voilà la solution au problème du froid. Nous buvons, nous chantons, jusqu'à ce qu'un cavalier surgisse de la nuit. J'ai envie de rire. Efficace, la vodka. Zorro nous dit qu'il va chercher sa voiture pour nous tirer de là. Comme quoi on a bien fait de boire de la vodka au lieu de flipper.

Trois heures du mat. Ne vois-tu rien venir ? Le van penche de plus en plus. À droite. La boue arrive maintenant au niveau de la porte. Je vais finir naufragée en Mongolie ! Bilan : la cérémonie est ratée, je ne me suis pas lavée depuis Mörön, mes cheveux commencent à former des baguettes grasses autour de ma figure, j'ai envie de faire pipi, les autres dorment, il n'y a plus de vodka, plus rien à manger, pas de chauffage. Cinq heures. Ne vois-tu rien venir ? Je vais mourir de froid. Avec les cheveux sales. Adieu.

3.

29 août

Extérieur : Jour J.
Intérieur (de moi) : Ushuaia...

Le soleil finit par se lever, apportant un peu de chaleur psychologique à un moral qui fait de la fumée devant mon nez froid. Tout le monde dort encore. Ils sont incroyables. Je me demande ce qu'il est arrivé au cavalier. Huit heures dix. Un son ! On dirait un bruit de moteur. Ça approche. Réveillez-vous, on vient nous sauver ! Branle-bas de combat dans le van. Tout le monde tombe vers la droite, oubliant l'air penché de notre bateau. Je ris. Un gros camion vert déboule des arbres. L'armée vient nous libérer, on dirait. Je réalise que c'est la première fois de ma vie que je ressens la joie des naufragés. Le camion se place devant notre van. Deux hommes en sortent. Ganbold les aide à nouer une corde bleue entre les deux pare-chocs. Et Zorro ? J'apprends qu'en fait il n'avait pas de permis de conduire ! Ce qui en Mongolie ne constitue pas un obstacle à l'action de conduire, mais de là à être capable de désembourber un van. Il a donc fait appel à un copain, qui a gentiment terminé sa nuit avant de sauter dans son camion pour nous secourir. Le moteur force, rythmant nos souffles...

Sifflement sec. La corde a cassé ! Bon. Le camion se rapproche du van. On raccourcit la corde bleue. Ganbold arrive avec des troncs qu'il place sous les roues avant. Grands moyens cette fois. C'est parti. Tout le monde pousse avec son ventre, avec ses mâchoires. Encore un coup. Encore un coup. Et voilà ! Notre bateau redevient un van. Tout crotté, certes, mais toutes roues dehors.

Une demi-heure plus tard nous arrivons enfin devant la petite maison en rondins du chamane. Elle est posée sur une grande prairie dont l'herbe en pente douce va entourer un lac. Des yaks broutent. C'est paisible. Une dame en del bleu sort de la maison. Elle est grande et élancée, le visage allongé, les cheveux noirs attachés en queue-de-cheval. Un peu hautaine. Naraa me présente la femme de Balgir. Elle nous invite à boire un thé.

Nous entrons dans une pièce unique d'environ vingt mètres carrés, qui sent le fromage et le feu de bois. Poêle au centre. Un grand buffet à vaisselle est placé à droite de l'entrée, avec des fromages sur les étagères. En servant le thé, notre hôte nous explique que Balgir est aux pâturages, un peu plus haut dans la montagne...

Après un quart d'heure de piste nous arrivons sur un petit plateau d'herbe entouré de mélèzes. Le van avance jusqu'à deux tentes vertes. Quatre hommes discutent autour d'un feu. Je descends. Avec ce point d'interrogation dans mon cœur, qui donne mal au ventre. Lequel est le chamane parmi ces quatre hommes ? Tous bruns. Tous ridés. J'attends un regard, une lumière. Rien. « C'est lui... », me souffle Naraa en désignant du menton celui qui a une moustache et une barbichette avec une tête de coquin. Il n'est pas très beau, c'est vrai. Sauf les yeux, incroyablement malicieux. « Bonjour ! » disent ses rides en remontant comme des stores vénitiens. Il fait signe de prendre place autour du feu. Deux des hommes se lèvent sans rien dire, montent sur leurs chevaux et partent au galop. La terre résonne. Le thé au lait coule déjà au fond des tasses. Balgir sert d'abord les hommes, du plus vieux au plus jeune, puis les femmes, puis moi. C'est le protocole. Il est temps d'appliquer les leçons de savoir-vivre mongol que Naraa m'a patiemment inculquées. Manches baissées, je prends le bol avec la main droite, la main gauche soutenant le coude droit et j'articule un « *Bayirlai !* », qui ressemble à un : « Merci, monsieur. » Naraa semble satisfaite. Balgir me demande si je suis mariée, si j'ai des enfants. Non. Il dit que si j'épousais un Mongol je pourrais avoir un passeport mongol ! Génial. C'est exactement pour ça que je suis ici. Je demande comment s'est passée la cérémonie d'hier soir. Naraa traduit, puis se tourne vers moi, super-excitée.

— Tu ne vas pas le croire ! Il n'était pas là hier soir, alors la cérémonie est reportée à ce soir. Tu vois, si le van n'avait pas été embourbé on serait arrivées un jour trop tôt et on aurait raté Balgir et on serait reparties et...

— Bon, ça va, j'ai compris. Tu veux me dire que chaque épreuve a ses raisons d'être ? Que tout se passe comme si je devais être là ce soir et pas hier soir ?

Je n'ai pas envie d'accepter ça. Balgir propose du thé. « Va chercher la vodka... », me dit Naraa. Bien, chef. Je fonce farfouiller dans le van, en essayant de me souvenir de la procédure à suivre pour offrir la vodka...

Une fois devant le chamane, je pose l'écharpe bleue de cérémonie, le *khadag*, sur mes avant-bras, je mets la bouteille de vodka dans ma main droite, j'avance d'un pas pour tendre l'offrande au chamane et je la pose sur ses avant-bras. Il baisse la tête, embrasse l'écharpe, la porte à son front, avec la bouteille de vodka au centre, et me remercie. Naraa en fait autant avec sa vodka. Ganbold et Otgonpurev aussi. Balgir semble très content. Il ouvre une bouteille. Je me tourne vers Naraa. « On va quand même pas la boire maintenant ? » Balgir verse déjà la vodka dans une tasse. Il n'est même pas dix heures du matin. Naraa fait semblant de boire, à trente-deux ans elle n'a jamais bu une goutte d'alcool. Pas moi. Qui décide que ce sera finalement le meilleur moyen de lutter contre le froid. Je plonge. Presque au point de comprendre le mongol de mon pote le chamane.

— Et comment t'es devenu chamane ?

— J'avais trente-six ans, une femme, sept enfants, de nombreux troupeaux, une vie heureuse, quand un jour cinq moutons sont morts, puis encore cinq le lendemain, puis j'ai commencé à avoir des pertes de connaissance, je me suis mis à détester ma femme, mes enfants... Je me suis alors enfui dans la montagne où j'ai vécu seul pendant un an. J'ai finalement décidé d'aller voir un chamane. Ce chamane a dit que j'avais été désigné par les esprits et que je devais devenir chamane, sans quoi j'allais mourir. À trente-sept ans j'ai donc décidé de devenir chamane et de suivre l'enseignement.

Les trois bouteilles sont vides, je sens mes yeux commencer à loucher. Balgir me regarde ? Il parle de la cérémonie de ce soir. Naraa dit qu'il n'a pas l'habitude d'accepter des étrangers à ce genre de cérémonie, mais que vu la façon dont je tolère la vodka il va essayer de négocier avec les esprits. Pour le convaincre, Naraa raconte ce que j'ai vécu en Amazonie. Elle dit que j'étais apprentie chamane et que c'est un chant diphonique entendu dans un rêve qui m'a conduite ici. Balgir écoute. Balgir s'en fiche, ce n'est pas lui qu'il faut convaincre, ce sont les esprits. Il n'y a rien à faire s'ils ne sont pas d'accord pour que j'assiste à la cérémonie. C'est comme le fait d'être chamane. Dans la tradition mongole, seules les personnes désignées par les esprits sont chamanes. Ça ne s'apprend pas. On a le don ou on ne l'a pas et ce n'est en aucun cas une décision personnelle. Bon. Il reste à croiser les doigts pour ce soir. Ce qui, dans mon état d'ébriété dépassée, devient un mouvement difficile. Et comment se passe une initiation en Mongolie ? Il me parle de plantes, de neuf plantes. Secrètes. Que seuls les chamanes peuvent connaître. D'accord, j'ai compris, je ne suis pas chamane, je n'ai pas le droit de savoir...

Ganbold et Otgonpurev repartent avec le van. Ils reviendront ce soir pour la cérémonie. Je décide de rester. Naraa discute avec Balgir. Elle apprend qu'il doit passer l'après-midi à cueillir des plantes.

— Quel genre de plantes ?

— Des plantes qui sont juste là, derrière.

Il désigne les collines environnantes. Naraa me dit qu'il peut s'agir des plantes secrètes...

— Et on peut t'aider à les ramasser ?

— Pas de problème ! répond Balgir, en me faisant signe d'approcher.

Je stresse. Il prend mes mains dans les siennes. Il lui manque deux phalanges à l'index droit ! Ce n'est pas le moment de lui demander pourquoi. En plus, il a les yeux qui sont passés en mode scanner. Ça me bloque. Il prend mes pouls. Il réfléchit. C'est grave ? Non. Juste l'estomac. Tu as mal à l'estomac ? Oui. Ça commence bien. Puis il me tâte le sternum et me donne un coup dans le dos à me faire vomir ma vodka. Je tousse. Il frotte mes avant-bras. Tout va bien, l'examen est terminé. Bon. Je n'ai plus qu'à cuver ma vodka dans l'herbe toute chaude de soleil. Naraa et lui se mettent à discuter.

Une demi-heure plus tard Naraa me réveille. Balgir est prêt à aller ramasser les plantes. Le temps de laisser mes jambes rattraper l'ordre que vient de leur donner mon mental, je déboule, tout excitée à l'idée de cueillir ces mystérieuses plantes. Il n'en existerait pas une qui évapore la gueule de bois ? Je zigzague. On dirait que Balgir poursuit le même itinéraire *bis* que moi. Naraa vient à mon secours. Je m'appuie sur son bras. Balgir nous demande de prendre les deux râteaux en bois qui traînent dans l'herbe. Ils ramassent les plantes au râteau ici ? Hop, le râteau sur l'épaule, nous suivons Balgir. Mes jambes imbibées d'alcool avancent dans l'herbe jaune et haute en dérangeant les sauterelles qui lâchent des cris de colère. En Afrique, ils mangent des sauterelles grillées. Le ciel est bleu foncé. Ça sent la terre chaude. Je respire. Je m'imprègne. Jusqu'à ce que Naraa vienne se coller à moi comme un bateau se collerait à un quai.

— Qu'est-ce qui t'arrive ?
— Chuut. Il me drague !
— Qui, Balgir ?

— Ben oui, pas le vent ! Reste à côté de moi, il me drague, je te dis !

— Ben, c'est pas grave !

Je ris.

— Siii, c'est grave, tu vois pas qu'il me jette un sort ! Je le trouve pas beau du tout...

Je ris encore plus fort.

— Arrête de rire ! Ça va l'énerver...

Je lui sers un « T'inquiète » qui me vaut une claque dans le dos.

— Attention, il arrive !

Les filles se calment aussi sec.

Balgir nous montre un champ. Un grand champ avec des rangées de foin alignées les unes à côté des autres. Il prend mon râteau puis commence à retourner ledit foin, genre : « Regarde bien ce que je fais parce que tu vas devoir en faire autant... » C'est alors qu'un doute horrible me submerge. Je regarde Naraa.

— Tu crois que ça voulait dire ça, « ramasser les plantes » ?

Air contrit.

— On dirait bien...

J'ai la déception qui monte.

— Tu ne veux pas le lui demander ?

La réponse de Balgir arrive. En colère :

— Je vous ai déjà dit que les plantes chamaniques n'étaient dévoilées qu'aux chamanes. Il faudrait que Corine soit mon élève pour que je les lui révèle...

La vache. Là, j'ai compris que je n'obtiendrai rien de ce chamane-là. Ils sont vraiment méfiants, ici ! Naraa me dit que c'est à cause de la période communiste. Jusqu'en 1990, le chamanisme était interdit et les chamanes pourchassés voire assassinés. Ils sont donc devenus méfiants...

Me voilà donc aux travaux des champs, marmonnant que si c'était pour faire la fermière, je n'avais nul besoin d'aller jusqu'en Mongolie. Tu l'as vu, en plus ? Il est allé s'allonger à l'ombre. Monsieur fait la sieste ! Naraa ne répond pas. Elle pleure de rire...

Ça m'apprendra à croire que les rêves sont des signes. Qu'est-ce que je fous ici ? Je regarde les lignes de foin. Mes lignes de main. Tes lignes de main. Parallèles. Qui ne se rejoignent même pas à l'infini. C'est pas comme ça que je vais te retrouver.

Après le premier champ il y a eu le deuxième champ, puis le troisième, dans lequel on a dû rassembler le foin pour le transformer en meules. Nous étions six à travailler, finalement. « Cinq et demi, pas six ! a dit Balgir. Parce qu'une Française aux champs ne vaut que la moitié d'une Mongole ! » Non mais tu vas voir de quoi elle est capable la Française ! Et voilà comment à cause de mon putain d'ego, je me suis retrouvée à relever le défi France-Mongolie...

« Râteau à l'épauuuuule – prêêêêêt – partez ! » Film en accéléré, je racle, je racle, je tire, je monte, je monte le foin, qui me rentre dans les trous de nez à force d'en prendre des tonnes dans les bras pour aller plus vite. Soleil de plomb. Pas de casquette. Pas le temps d'en demander une. Je dois gagner. Une meule de plus. Mon seul avenir en ce moment. Mal aux mains. Elles font des cloques d'allergie au râteau. Soleil de plomb. Soif. Mal aux reins. Et l'autre qui dort toujours à l'ombre d'un arbre. Un vrai manipulateur, cet homme. Bien fait pour moi. Mais trop tard pour reculer, j'ai engagé l'honneur de la France dans les JO du râteau. Racler, tirer, je meurs de soif. Au point de boire dans ce pot qui tourne sur les lèvres de tout le monde. Un fond d'eau de rivière plein de paramécies, de transpiration et de bave...

Naraa a gagné. De peu ! On a objecté que mes meules, bien que plus nombreuses que celles de Naraa, avaient davantage l'aspect de « mottes » que de meules... Arbitre mongol. *Of course.* Je remballe ma dignité, qui a quand même gagné le respect de la famille. Échange de poignées de main entre les concurrentes. Balgir me gratifie d'une tape dans le dos qui a pour effet de redresser ma position cassée. Un cri de douleur s'échappe de mes reins. Tout le monde rit.

Retour au campement clopin-clopant. Balgir m'offre une cigarette. Plus aucune résistance de ma part. J'accepte de traiter avec l'ennemi. Nous nous installons autour du feu pour fumer la clope de la paix. Trois bouffées silencieuses, une inspiration. Il m'annonce que les esprits ont accepté ma présence à la cérémonie de ce soir...

J'avale une bouffée de joie. Il faut donner pour recevoir. Même chez les esprits, on dirait.

Le thé au lait arrive dans les tasses. Les cavaliers aussi, qui ont dû voir les signaux de fumée et un gros pain tout doré sortir d'un sac en toile. Je salive. Balgir ouvre son couteau avec la solennité des anciens qui vont partager le pain. Un pot au lait en aluminium est posé à côté du feu. Je regarde dedans. C'est de la crème fraîche ! Balgir me fait signe de prendre une cuillère et de me servir. Il me tend une énorme tartine de deux centimètres d'épaisseur, sur laquelle j'ajoute une couche de crème. Une crème épaisse, mélange de lait de yak, de chèvre, de brebis, bien jaune. Je regarde mon œuvre. Toute la famille rigole en montrant ma tartine du doigt. Je mords. Jusqu'à ce que la crème touche mon nez ensoleillé. Alors, c'est bon ? demande Naraa, dont le nez est aussi crémeux que le mien. Papilles aphones. J'orgasme. C'est vraiment bien d'avoir la bouche en plus du sexe. Tout le monde me regarde, le sourire dans les yeux. L'ambiance est gaie et le feu éclaire d'autant plus nos visages que le ciel devient rose, puis mauve, transportant le paysage dans un autre temps. Qui sourit. Et dont pour une fois j'ai l'impression de faire partie...

Nous roulons vers la maison de Balgir. C'est là que la cérémonie va avoir lieu. Les cavaliers nous accompagnent au grand galop, ils font la course entre eux, puis avec le van, tous en del orange, vert, bleu, ceinturés d'écharpes de couleur. Leurs bottes noires battent les flancs de leurs petits chevaux. Les guerriers de Gengis Khan sont comme des taches de couleur volant dans le ciel mauve de la steppe. Libres.

Nous passons un col couvert de mélèzes, nous plongeons dans la vallée vers la maison en bois de Balgir. Le soleil se couche. Plein d'émotion. Plein de toi, que je vois galoper là, devant moi. Tu ris. Je pleure. De joie.

La maison de rondins sent le lait chaud. On s'assoit sur les petits lits disposés de part et d'autre du tapis qui occupe le fond de la pièce. Le thé au lait arrive, servi dans des bols et des tasses en aluminium. La cérémonie doit commencer à minuit. Il est neuf heures et demie, l'heure d'une tournée de vodka ! Sans moi. Il faut que je me lave. J'annonce mon départ pour le lac à Naraa.

— Tu es folle ! Tu ne peux pas te laver dans le lac,

l'eau est sacrée en Mongolie ! En plus, c'est l'eau qu'on boit...

— Qu'on boit ? Parce que tu arrives à boire de l'eau, toi ?

— Et l'eau du thé, patate...

Naraa m'explique alors que si je veux découvrir les mystères du lavage à la mongole, je dois la suivre avec le matériel nécessaire à mes ablutions. Nous sortons en baissant la tête. Au passage, et sans rien demander à personne, Naraa prend un bidon vide et une bassine. Ici tout le monde fait ce qu'il a à faire sans en informer la maîtresse de maison, qui s'en fout d'ailleurs. Nous traversons la prairie. Entre chien et loup et yaks. Ces bêtes sont bien plus grosses que des vaches et je fais tout ce que je peux pour les éviter. À la grande joie de Naraa qui me caquette des « T'inquiète ! Ça mange que de l'herbe ! ». Je préfère courir pour ne freiner qu'une fois arrivée au bord du lac.

Le rituel de lavage commence. Pour ne pas souiller l'eau, Naraa met de l'eau du lac dans le bidon, du bidon dans la bassine et de la bassine dans nos mains. Il fait hyper-froid, ce soir. Savonner, rincer, rincer, sécher. Épuisant.

Une vingtaine de personnes sont maintenant dans la maison, en train de discuter en fumant ou en buvant du thé. Toutes venues assister à la cérémonie.

Il est temps d'installer mon matériel d'enregistrement. Je demande à Naraa de m'indiquer la place la plus centrale pour le micro. Nez en l'air, elle me montre une poutre qui traverse le toit dans le sens de la largeur, à peu près au milieu de la pièce. Il paraît que le son du tambour est très puissant. Je fais courir le fil du micro le long de la poutre pour le relier au minidisque. Il reste à accrocher le micro. J'ai des sangles, bleues, que j'enroule autour du micro en essayant de le diriger vers le fond de la pièce, là où Balgir va faire la cérémonie. Un des hommes présents vient m'aider. En deux minutes il a fixé la chose. Je le remercie. Il me parle. Je ne comprends rien. Alors il ferme un poing en mettant son pouce en l'air. Je réponds par le même geste : « Oui, super, c'est bien ! » C'est là qu'il replie tous ses doigts en tendant son majeur. Je sursaute. « Naraa, t'as vu, il m'a fait un doigt ! » Naraa éclate de rire. Dix gloussements plus tard, elle arrive à articuler que ce geste n'a pas du tout en Mongolie la même signification qu'en France. Ici ça veut dire : « Moyen, c'est moyen. » Et montrer le petit doigt, avec les autres doigts repliés veut dire : « C'est nul. » Le gentil Mongol me demandait juste si l'installation du micro me convenait...

Je n'ai plus qu'à aller me faire oublier dans un coin. La femme de Balgir, sans jamais un sourire, prépare une soupe. Avec un grand couteau elle coupe le gras de viande en morceaux. Rien ne la distrait de sa tâche. J'ai rarement vu une telle concentration. Ou une telle indifférence. Balgir discute avec Naraa et une dame toute timide. J'écoute la musique des mots, j'essaie de la reproduire, je chuinte, je claque la langue doucement. J'adore.

La soupe est prête ! Pâtes au gras de viande. On ne sert pas Balgir. Lui ne mange plus depuis hier. Et moi je n'ai pas faim. Pour cause de trac. Les lits sont occupés, je vais m'installer par terre, près de l'entrée. Je n'avais pas remarqué les deux petites fenêtres dans les murs en rondins. Sans vitres. Les étoiles sont là. La cérémonie va pouvoir commencer.

Une sorte d'autel a été installé contre le mur du fond. En fait, un meuble recouvert d'une écharpe de soie bleue sur laquelle sont posés des assiettes de gâteaux, des cacahuètes enrobées de sucre blanc, des photos, des billets, des bouteilles de vodka, un bol de thé, des cigarettes... Des offrandes pour les esprits. Ceux qui les ont mises pourront en récupérer une partie à la fin de la cérémonie. Cette nourriture sera chargée d'une énergie spirituelle censée apporter chance et bienfait à ceux qui vont la consommer. Je n'ai que des cigarettes à offrir. J'en pose trois sur l'autel. C'est à toi que je les offre. En secret. Pour que tu veuilles bien venir me chercher...

Tout le monde est prêt. Moi aussi. Doiing, doiiing. Balgir joue de la guimbarde ! Je lance l'enregistrement. Naraa m'explique que, par le son de la guimbarde, le chamane appelle les esprits, il leur donne le lieu du rendez-vous. La femme de Balgir fait la vaisselle. Ça m'énerve. L'enregistrement pour la BBC va pouvoir s'intituler : « Vaisselle dans la steppe. » Je lui fais des signes, je lui montre le micro, je mets un doigt sur ma bouche en signe de silence. Rien à faire. Elle continue la vaisselle. Naraa me dit de laisser tomber et de me concentrer sur la cérémonie. Les vingt personnes constituant le public sont en train de changer d'attitude. Chacune enfile un del et se met à genoux par terre. Naraa me fait signe d'en faire autant. Comme je suis en jean et que je n'ai pas de del, elle pose un pull sur mes jambes. On ne doit pas les voir. C'est irrespectueux.

Me voilà prête. La femme de Balgir a terminé sa vaisselle. Elle s'approche de lui pour l'assister. Le silence s'installe. Balgir semble déjà ailleurs. Il fait un bruit d'oiseau. Un coucou peut-être. Des branches de genévrier sont enflammées sur le poêle. La fumée se répand, dans laquelle la femme de Balgir passe le costume de chamane pour le purifier. Elle aide ensuite Balgir à l'enfiler, c'est une sorte de manteau en peau recouvert de grosses torsades de tissu. Chaque torsade représente un esprit avec lequel Balgir est entré en contact. Il y aurait quarante et un esprits avec lesquels le chamane doit entrer en contact. Des pièces métalliques sont cousues sur le costume, certaines symbolisant des « morceaux » de ciel, d'autres destinées à permettre aux esprits de « s'exprimer ». Le tintement de ces pièces sera la preuve de leur présence et de leur désir d'entrer en contact avec le chamane. On lui enfile un chapeau maintenant. En peau aussi. Avec des franges recouvrant les yeux. « C'est pour le protéger des mondes mauvais qu'il va traverser », me chuchote Naraa.

Un autre assistant tient le tambour au-dessus du poêle pour que la chaleur retende sa peau. Une peau d'un cerf de trois ans. Ce tambour mesure environ un mètre de diamètre sur quinze centimètres d'épaisseur. Après l'avoir passé dans la fumée de genévrier l'assistant le tend à Balgir, qui le prend de la main gauche, comme un bouclier. Il tient dans l'autre main une sorte de battoir, que je ne vois pas très bien. Sa femme se place derrière lui. Pendant la transe, Balgir n'aura plus conscience du danger, elle devra donc le tenir pour ne pas qu'il tombe ou se brûle sur le poêle.

Balgir donne le premier coup de tambour. Profond. Immense. J'inspire de surprise, avec l'impression d'une déchirure dans mon cœur, suivie d'une vibration qui se propage comme des frissons. Bizarre. Mes oreilles boivent le son du tambour, qui se met à battre comme le cœur de la terre. Mes bras, mes mains commencent à bouger. À vibrer. Ils ont retrouvé quelque chose. Une sensation en mémoire. Comme sous l'effet de l'ayahuasca. Je n'ai pris aucune plante hallucinogène pourtant...

Mes doigts deviennent des griffes. Ils reçoivent l'énergie de la terre. Je glisse. Dans les mouvements que réclame mon corps. Je glisse. Mes yeux se ferment. Sur la dimension du son. Mes babines se retroussent. Je renifle comme un loup l'odeur d'une présence invisible, à côté de moi. Qui me renifle. Je souffle. Je crache. Silence. Je caresse une énergie. Toute ronde. Mes mains la reconnaissent. Ouvertes dans la douceur de ton âme. Tant de choses à te dire. Je plonge, la tête dans le tambour. Je m'empare d'une main, celle qui tient le battoir. Je frappe. Je frappe sur ce tambour. Pour répondre à la force qui me submerge. Je te parle. Je te dis que j'ai compris, que tu es là. Derrière la porte. Celle que je sens dans le son du tambour. La porte d'une autre dimension. Je chante. La chanson du chamane. Je la connais. Je sais la chanter. Elle me transporte. Dans le son. Vers la porte. J'avance. Je vais la passer...

Coup dans l'estomac. Balgir me frappe ? Je n'ai pas mal. Je ris. Un flot de rire. Il me parle. Je fais oui avec la tête. Encore un coup. Encore des rires. « Corine ! » Naraa m'appelle ? « Corine, ouvre les yeux, reviens ! » Pourquoi elle ne me laisse pas tranquille ? Je volais, j'allais franchir la porte. « Corine, maintenant ça suffit, reviens ! » Ne hurle pas comme ça. Je retrousse les babines. Je renifle l'entrée de la porte. Elle est juste là, dans le son du tambour. Il faut que je passe de l'autre côté. « Corine, non ! Reviens tout de suite, ouvre les yeux ! » J'ouvre les yeux. Naraa est devant moi. Elle a l'air de flipper. Je referme les yeux. Trop besoin de

45

plonger dans le chant de Balgir, dans le rythme du tambour. Comme dans une vague qui m'emporte. Comme un vide qui m'appelle. Je dois frapper sur le tambour, transmettre l'énergie qui circule en moi. Si puissante. Impossible à garder. Boum, boum, boum. Plus fort que ma volonté. On me tient la tête. On me fait boire quelque chose. Laissez-moi tranquille. Je veux partir là-bas. C'est de la vodka ! « Corine, c'est fini les chamanes, tu rentres en France ! » Je ris. Elle me secoue maintenant ! « Chuuuuut » fait mon doigt. Secouer la tête. Il faut secouer la tête. Respirer. « Ça y est ? Tu es là ? Allez, reviens ! »

— Ouiiiiiiii, je suis là ! T'en fais un raffut !

— Peut-être, mais tu as failli mourir !

Je ris, je tire ma bouche vers le bas. Naraa et sa voisine me frottent les avant-bras et les mains. Mais j'ai pas besoin de réanimation ! Et les autres ? Les autres me regardent. Balgir fait l'oiseau près de l'autel. Toujours en transe. « Hou, hou, hoooou. » J'adore. « Ah, non, Corine, tu restes ici ! » Naraa demande à sa voisine de taper sur mes avant-bras jusqu'à ce que le tambour s'arrête. Elle continue de me parler. Je lui dis que tout va bien. Que je suis là. Je regarde Balgir.

Le tambour s'arrête. Sa femme joue de la guimbarde à l'oreille de Balgir. L'oreille droite. Naraa dit qu'elle fait ça pour rappeler les esprits qui sont entrés en lui. Il sursaute. Il ouvre les yeux, apparemment sorti de transe. Silence. J'écoute. La tension redescendre. Le calme se dégonfler...

Balgir reçoit un bol de thé et une soupe. Il semble bien. Juste un peu « loin ». Comme moi. Tout le monde attend qu'il parle. Je réfléchis dans mon coin. Je réalise que j'ai reniflé ta piste. Qu'est-ce qui s'est passé ? Pourquoi le son m'a-t-il mise dans cet état ? Pourquoi les autres n'ont-ils pas réagi au son du tambour ? Je regarde le minidisque. Il n'a enregistré que soixante-dix-neuf minutes...

Balgir et Naraa se mettent à parler. Ils parlent long-temps. Toutes les têtes se tournent vers moi avec des airs éberlués, se retournent vers lui, puis encore vers moi...

Ben, qu'est-ce qu'elle a ma gueule ? Je lance l'enre-gistrement. Le mouchard au moins me dira ce que vous racontez. J'ai l'impression qu'un rouleau compresseur m'est passé sur le corps. Je remonte les manches pour tâter mes avant-bras. Ils sont tout rouges.

Balgir me fait signe de venir m'asseoir à côté de lui. Il a l'air très sérieux. Un peu en colère même... Je m'installe. Le silence qui nous entoure annonce un truc important. Je le sens. Et la phrase sort de sa bouche. Puis de la bouche de Naraa, résonnant comme un coup de tonnerre dans mon oreille :

— Pourquoi tu ne m'as pas dit que tu étais cha-mane ?

— ...

— Réponds !

— Je ne suis pas chamane ! J'ai juste fait une expé-rience en Amazonie...

— Je te dis que tu es chamane ! Tu as été désignée par les esprits. Et parce que je ne le savais pas, tu as failli mourir...

— Mourir ? Pourquoi mourir ?

— Parce que deux chamanes ne peuvent pas assis-ter à la même cérémonie sans que leurs esprits en aient été informés.

— ...

— En voyant que tu étais chamane, mes esprits sont entrés en toi et ont attaqué les tiens. Mais comme les

47

tiens ne savent pas se défendre, ils ont suivi les miens, qui ont essayé de t'emmener dans un monde d'où tu ne sais pas revenir...

— Un monde ? Je n'ai pas vu de monde, j'étais un loup, je volais dans le son et... J'allais franchir une porte... Une porte dans le son du tambour...

— C'est bien ce que je dis, si tu avais franchi cette porte tu serais morte. Je n'aurais pas pu aller te chercher. J'ai quand même mis deux heures à te récupérer et j'ai bien cru que je n'y arriverais pas, parce qu'il semble que tu sois la descendante d'une grande chamane. Tu es en tout cas très puissante. À tel point que tes esprits t'ont fait prendre le contrôle de mon tambour et que le seul moyen pour moi de te le faire lâcher a été de te donner des coups de poing dans l'estomac...

Naraa ajoute que, malgré la violence des coups, je riais sans réagir. Je touche mon estomac. Je ne sens rien.

Balgir ouvre une bouteille de vodka.

— Pourquoi vous m'avez fait boire de la vodka ?

— Pour te faire revenir, me dit Naraa.

Décidément, cette boisson a toutes les vertus. Balgir remplit une tasse, trempe son annulaire, boit une gorgée, puis me tend la tasse.

— C'est moi la première ?

— Tu es chamane ! Les chamanes sont servis avant tout le monde...

On peut dire que mon avancée dans la hiérarchie sociale est fulgurante. Je bois. Sans oublier de tremper mon annulaire. Balgir me tape sur l'épaule.

— Tu m'as fait peur, tu sais, tu as vraiment failli mourir !

Je ris. Comme chaque fois que j'ai la trouille. Il semble réfléchir.

— Un esprit t'a protégée...

Je tends l'oreille. Un esprit ? Sourire intérieur.

— En tout cas tu as le don, continue Balgir. Ton devoir maintenant est de t'en servir, sans quoi les esprits vont se venger. C'est très fort d'avoir capté mes esprits. Si tu trouves un maître assez puissant, tu deviendras une grande chamane.

— Mais je vais le trouver où, ce maître ?

— Tu vas le trouver...

Je me tourne vers Naraa.

— Et pourquoi pas lui ?

Il dit à Naraa qu'il n'a pas été désigné par les esprits, qu'il n'est pas prêt à avoir un élève et que je dois chercher...

Chercher encore. Alors c'était ça le but de ce voyage, le sens des signes qui ont traversé ma vie ? Je passe un doigt derrière mon oreille droite. J'ai une bosse énorme. Comment j'ai pu faire ça ?

— C'est quand tu as mis la tête dans le tambour, me dit Naraa.

Je n'ai rien senti. Curieux.

— Et Otgonpurev ?

— Balgir n'a pas eu le temps de s'occuper d'elle, sourit Naraa. Il fera une autre cérémonie pour elle, t'inquiète !

— Et il t'a dit quelque chose pour tes frères ?

— Il n'a pas eu le temps non plus. Mais je t'ai dit que je devais consulter un autre chamane, une femme, qui vit encore plus au nord, près du lac Khövsgöl. On partira dès le lever du jour avec Ganbold. Il est d'accord pour nous ramener avec lui à Mörön. De là on se débrouillera pour rejoindre cette chamane. Elle fera une cérémonie pour moi. Et je t'attacherai à un arbre !

Peut-être que ce sera elle, mon coach. Je voudrais bien savoir ce qu'il y a derrière la porte. Peut-être que je ne pourrai jamais y retourner. C'est sûrement à force de te chercher, de chercher ton énergie dans l'autre dimension que j'en suis là. L'amour est plus fort que la mort. Je crois. Le jour se lève. Froid.

II

La guimbarde

1.

31 août, piste du lac Khövsgöl

Extérieur Jour J + 1. On cahote.
Intérieur (de moi) : Chaos, prononcer KO...

C'est reparti pour cinq à six heures de piste. Ganbold et Otgonpurev nous ont laissées à Mörön, où nous avons passé une nuit avant de reprendre une Jeep pour le lac Khövsgöl, tout au nord, à la frontière de la Sibérie.

Naraa semble super-fière de mon nouveau statut de chamane. Elle me couve du regard, elle me rassure, elle me dit qu'on va certainement trouver le chamane qui sera désigné par les esprits pour me transmettre la connaissance, quitte à rencontrer tous les chamanes mongols. Elle ajoute en riant que, vu la chance qui m'accompagne depuis le début du voyage, ça ne l'étonnerait pas que la chamane vers laquelle nous roulons soit justement un téléguidage des esprits...

Je ne sais pas quoi répondre. Je suis perdue. J'ai peur. Hier j'étais « normale », aujourd'hui je suis chamane. J'ai l'impression qu'on a mis un rocher sur mon dos et que je n'ai d'autre choix que de le porter. Exactement ce que tu ressentais lorsqu'on t'a annoncé ce cancer. Sauf que le rocher que tu avais à porter n'était pas celui auquel je pensais. Il n'était pas le cancer, pas ta peur de mourir, mais la peur de ne pas avoir la force de rester en vie pour vivre notre amour. Pour assumer ton rôle auprès de moi. On dirait que la vie a fait exprès de m'imposer cette épreuve pour qu'enfin je comprenne ce que tu ressentais. Mon rocher, en apprenant que je suis chamane, n'est pas non plus la peur de mourir, mais la peur de ne pas avoir la force d'assumer ce rôle. Quelle est ma responsabilité vis-à-vis de ce don ? Qu'est-ce que je vais faire quand les gens vont commencer à me demander de les aider ? Qu'est-ce que tu as fait quand tu as réalisé que tu ne pourrais pas vivre ? Pas m'aider ? Tu as dû accepter ce qui t'était imposé. Et je dois sans doute accepter ce que l'on m'impose. Accepter de le prendre en main. Pour ne pas le subir. Pour continuer à sourire. Comme tu l'as fait. Quelles qu'en soient les conséquences.

On vient de perdre une pièce du moteur de la voiture ! Je vais m'asseoir dans l'herbe. Choc. Parce qu'il est là, à mille sept cents mètres d'altitude, scintillant derrière les mélèzes. Le lac Khövsgöl, la « perle bleue de Mongolie », s'étale devant mes yeux comme une mer de cent trente-cinq kilomètres de long au bout de laquelle commence la Sibérie. La petite sœur du lac Baïkal est entourée d'un rivage de petits cailloux dessinant un eye-liner blanc autour de son œil aux mille bleus. Le chauffeur revient. Il a retrouvé la pièce, un tube d'amortisseur qu'il répare le temps que j'écrase un moustique sur ma pommette gauche.

Il n'y a plus qu'à trouver la chamane, maintenant. J'espère que ce sera plus simple que pour Balgir. Normalement elle est installée autour du lac pour l'été. Elle est tsaatane, une toute petite population d'éleveurs de rennes originaire de la république de Touva, en Sibérie. Touva. Comme l'origine du chant diphonique que j'ai entendu en Amazonie. On dirait que j'approche...

Les Tsaatanes auraient migré au nord de la Mongolie peu après l'installation du régime communiste dans la république de Touva. Naraa me dit que j'ai de la chance de pouvoir vivre parmi eux parce que, dans une dizaine d'années, la trentaine de familles qu'ils constituent aujourd'hui se sera « diluée » dans la population mongole. Leur spécificité n'existera plus. « Et tu sais dans quoi ils vivent ? » Je m'attends au pire. « Ils vivent dans des tipis ! » Joie non dissimulée. J'avais déguisé ma chambre en tipi quand j'étais petite...

Démarrage à la manivelle. Nous roulons dans les cailloux blancs, nous remontons dans les collines, les arbres commencent à jaunir, formant des plaques décolorées dans la forêt. Marche arrière, marche à gauche, marche à droite, marche en côte. On dirait que nous sommes perdus. Nous sommes perdus ? Non. Deux heures plus tard, à deux mille mètres d'altitude dans les mélèzes, sa pointe apparaît. Le tipi est là, triangle de toile délavée par le temps. Un chien noir court vers nous. Une femme en del vert apparaît. C'est elle, c'est Enkhetuya, me dit Naraa.

Enkhetuya pousse un cri de joie en reconnaissant Naraa. Un visage de pleine lune nous accueille. Rayonnant. De tout petits yeux étincellent au-dessus de ses pommettes très hautes. Ça lui donne un air stable. Puissant. Sur lequel j'ai envie de m'appuyer. De me reposer.

Enkhetuya nous invite à entrer. On se met à quatre pattes pour passer la porte en toile du tipi. Un vrai tipi avec des peaux de bête sur le sol et un trou au sommet. J'ai l'impression d'entrer dans mes rêves. Une petite fille est à l'intérieur du tipi. C'est Badmaa, la fille d'Enkhetuya. Elle a neuf ans. Et pas l'air commode. Après m'avoir jeté un œil dépourvu d'intérêt, elle replonge dans un cahier qu'elle couvre de dessins de chevaux. Tout le monde s'installe autour du poêle, quatre plaques de tôle avec un tuyau qui s'échappe vers le ciel. Pas de lit, pas de coffres. Juste des sacs de peau disposés contre la toile sur le pourtour du tipi. Ça sent la fumée. Enkhetuya nous offre un bol de thé au lait, tout en discutant avec Naraa qui précise : « C'est du lait de renne ! » Je fais un vœu, c'est la première fois que je bois du lait de renne. Le goût est très doux, moins prononcé que le lait de vache mais plus gras. Enkhetuya me regarde soudain derrière les yeux. Là où le temps tricote les couleurs. On dirait que Naraa lui a raconté mon histoire. Elle me parle.

— Ce soir je vais faire une cérémonie pour toi. Je dois interroger les esprits pour savoir qui tu es...

Qui je suis. C'est exactement la bonne question. Parce que aujourd'hui je ne sais plus. Je suis juste quelqu'un qui a peur. Peur que Balgir n'ait raison. Peur de devoir devenir chamane. Peur de cette responsabilité. Peur de me tromper de chemin. Peur de ne pas te retrouver. Peur de devoir vivre sans toi. Badmaa me tire par la manche. « Accompagne-la, dit Naraa en riant, c'est une surprise... » Je commence à me méfier des surprises. Badmaa attrape un bidon en aluminium, un bocal en verre et me pousse dehors...

Tous les rennes sont derrière le tipi ! On dirait des petits veaux à cul blanc avec un plumeau de poils

56

en guise de queue. Badmaa approche de l'un d'eux, l'attache à un pieu et me fait signe de venir à côté d'elle pour « la » traire. Mais je ne sais pas traire ces bestioles, moi ! Elle me tire par la manche, m'obligeant à m'agenouiller, puis me montre comment tenir une mamelle pour en faire sortir le lait. Tsssss, tssssss, tsssss, les jets de lait font résonner le bocal comme une cloche de verre. La démo terminée, elle prend ma main et la pose sur le ventre de la renne. On dirait que c'est à mon tour. Fouillant dans le duvet tout doux je finis par trouver quatre mamelles de la taille de mon pouce. Pour que ça glisse bien il faut d'abord tremper les doigts dans le lait. J'essaie. Je glisse. C'est tout. Rien ne sort. Et puis je n'ose pas tirer. Je rends les mamelles à Badmaa, qui refuse catégoriquement de les reprendre sous prétexte qu'elle doit s'occuper de traire les autres rennes. Elle me plante là. Bon. Au travail. La renne frotte ses bois sur mon bras. Ils sont couverts d'un duvet de poils argentés. On dirait du velours. Je caresse. C'est super-doux.

Je finis par obtenir un demi-centimètre de lait dans mon bocal, ce qui me vaut les rires de Badmaa. J'ai intérêt à faire mieux demain. Nous rentrons dans le tipi en brandissant nos récoltes. Un homme est là, en train de mettre du bois dans le poêle. Naraa me présente Doudgi, le mari d'Enkhetuya. Nous échangeons des sourires. Il a un bouc en guise de barbe, sur un visage qui pourrait s'inscrire dans un cercle tellement il est rond. Il a aussi de grands pieds dans des bottes noires.

Enkhetuya commence à pétrir une pâte à base de farine et d'eau. Ça démarre comme du pain, mais au lieu de faire des boules elle étale la pâte en fines galettes qu'elle découpe en quatre. Elle pose ensuite chaque quart de galette sur la tôle brûlante du poêle. Je salive. Sans attendre qu'elles soient cuites, elle retire les galettes du poêle pour les empiler les unes sur les autres, comme un millefeuille qu'elle découpe en lanières d'un demi-centimètre de large. Ça fait des tagliatelles ! Qu'elle jette dans l'eau bouillante. Les Mongols auraient donc inventé les pâtes ? Aucun doute, confirme Naraa. La recette aurait été introduite en Chine pendant la période sous domination mongole. Marco Polo les aurait alors découvertes et introduites en Italie.

La nuit tombe. Je sors. J'ai besoin de voir les étoiles. Lorsque la troisième apparaîtra, la cérémonie pourra commencer. Peut-être que cette fois je ne vais pas « revenir » de la transe. Qu'est-ce qui me dit que Enkhetuya pourra me ramener ? Balgir a dit qu'il était dangereux pour moi d'assister à une autre cérémonie. Je frissonne. J'ai froid.

Une dizaine de Mongols arrivent, les bras chargés d'offrandes. Enkhetuya va les placer devant un autel constitué de poupées de tissu symbolisant les esprits. Le rituel débute de la même façon que chez Balgir. Badmaa enflamme des branches de genévrier. Doudgi passe le tambour et le costume de chamane dans la fumée qu'elles dégagent. Il les purifie. Puis il aide Enkhetuya à enfiler le costume. Il n'est pas en peau, comme celui de Balgir, mais en tissu avec des plaques de métal dans le dos et des lanières de différentes couleurs. Le chapeau est surmonté de plumes noires. Des franges partent d'une lanière frontale, couvrant les yeux d'Enkhetuya. Une fois habillée, Doudgi lui tend le tambour puis se place derrière elle, accrochant ses doigts dans le costume pour l'empêcher de tomber ou de se cogner contre le poêle lorsqu'elle sera en transe. Elle commence par tourner sur elle-même en frappant le tambour avec le battoir. Un chant sort de sa bouche. Très doux. À peine audible. Je sens que le son l'emporte. Elle est en transe déjà. Je sens que le son m'emporte. Mes yeux se ferment. Je glisse. Jusqu'à ce que Naraa se mette à me taper dessus. J'ouvre les yeux. Elle me parle ? « Reviens tout de suite ou je te fais sortir ! Balgir a dit que c'était dangereux pour toi d'entrer en transe... » Mes oreilles aspirent le son du tambour comme un vertige sonore. C'est terrible ce qu'a dû subir Ulysse avec les sirènes. Terrible. Frustrant. Insupportable. Je me mets en colère. J'engueule Naraa, je la supplie de me laisser partir dans le son. Elle s'en fiche. Elle continue de me taper. Ma tête va exploser. Laisse-moi plonger. Elle s'en fiche. Elle me tape. Jusqu'à ce que le tambour s'arrête. Comme une marionnette dont on aurait coupé les fils, je tombe dans le silence. Épuisée. Enkhetuya sort de transe. Et moi de l'état de colère. Soupir. Naraa me regarde. Ça va ? Non, ça ne va pas. Comment le son peut-il me faire un tel effet ? Enkhetuya dit qu'elle a interrogé les esprits. Que je suis effectivement chamane. Que les esprits m'ont désignée. Et qu'ils l'ont désignée, elle, pour être mon guide...

C'est là que tout s'arrête. Dans l'instant où sur la balance, confronté à la charge, le fléau se demande...

C'est là que tout bascule. Dans l'instant où l'amour sait, confronté à la vie, qu'il va affronter la mort...

C'est décidé. Je plonge. Tête baissée, j'écoute Naraa traduire le programme de la carte routière qui doit me conduire à toi. Trois ans d'enseignement et la première bonne nouvelle : étant donné que j'ai déjà atteint le stade de la transe, je passe directement en deuxième année. Départ immédiat pour les pistes de l'invisible. Me voilà tsataan pour un bout de temps...

2.

4 septembre

Extérieur : Jour. Chez les Tsaatanes.
Intérieur (de moi) : Pocahontas...

Naraa s'en va. Enkhetuya a fait une autre cérémonie pour elle. Cérémonie à laquelle je n'ai pas eu le droit d'assister, vu l'état dans lequel me met le tambour. Pendant cette cérémonie, Enkhetuya a interrogé les esprits au sujet des frères de Naraa. Elle lui a dit que l'esprit de son petit frère était venu la voir pour lui dire qu'il était heureux et qu'il se réincarnerait dans les cinq ans. Quant à la maladie cardiaque de son grand frère, elle lui a dit qu'elle avait fait un rituel spécial et intercédé auprès des esprits pour leur demander de l'aider à guérir. Elle donne à Naraa des amulettes qu'elle devra disposer à l'entrée de la chambre de son frère et des petits sachets d'encens qu'il faudra brûler en guise d'offrande aux esprits...

Naraa semble rassurée. Ayant eu les réponses à ses questions, elle n'a plus rien à faire ici. Elle rentre à Ulan Batar, où ses activités commerciales l'attendent.

Le problème est qu'elle part sans moi. Enkhetuya a en effet décidé de me garder avec elle pour commencer ma « formation ». Ne parlant pas mongol, Naraa m'explique que je devrai juste apprendre à me servir de la guimbarde et à en maîtriser les techniques, pour me permettre de découvrir le langage des esprits. Quant au langage quotidien je devrai l'assumer avec le langage des yeux et des doigts...

Avant de s'en aller, elle me fait subir une révision intensive des leçons de savoir-vivre : « Le feu est sacré, ne jette rien dedans, pas de mouchoir, pas d'épluchures. L'eau est sacrée, ne te lave pas dedans, ne fais pas pipi dedans... »

Un dernier signe de main, voilà, elle est partie, avec Badmaa, qui doit se rendre à Khatgal, la ville où se trouve son école, au sud du lac. Elle vivra là-bas, dans la ger de sa grand-mère, jusqu'aux vacances d'hiver.

Je vais m'allonger dans l'herbe. Il fait beau. Je prends des notes. J'enregistre pour la BBC. Je dois expliquer tout ce qui m'arrive sous le soleil de Mongolie.

Enkhetuya vient me chercher. Elle essaie de me faire comprendre quelque chose en mettant ses doigts de chaque côté de sa tête. Elle mime des cornes ? Ça me fait rire. Pas elle. Elle a l'air sérieux. On dirait que deux rennes ont disparu. En fait, ils ne sont attachés que la nuit. Toute la journée ils sont en liberté parce qu'ils ont besoin de beaucoup de pâturages pour se nourrir. Mais ils se sauvent tout le temps. La nourriture ne leur plaît pas ici, ils préfèrent les lichens de la taïga, dans laquelle ils vivent l'hiver. Pour éviter qu'ils ne s'échappent Doudgi les attache deux par deux, ce qui ralentit un peu leur marche vers le Grand Nord, mais pas suffisamment, on dirait...

Enkhetuya me fait signe de la suivre. Doudgi monte sur un renne, un grand mâle blanc avec de magnifiques bois. Ils trottent tous les deux vers la forêt. Enkhetuya et moi grimpons sur la colline la plus proche. À pied. Stop en haut de la colline. De là, nous essayons de repérer les rennes. Le soleil rasant transforme l'herbe en une fourrure dorée qui descend jusqu'au lac. Bleu foncé. Doudgi ! crie Enkhetuya en pointant son index vers la gauche de la colline. Je l'aperçois. Il pousse devant lui les deux indisciplinés, qui n'ont pas l'air contents. Soulagement dans les yeux d'Enkhetuya. Les rennes sont le principal revenu de la famille.

Retour au tipi. Nous buvons un thé bouillant. Ça fait du bien. Un cheval approche. Mes oreilles tournent autour du son. Arrêt. Jusqu'à ce que l'ouragan entre dans le tipi. On ne prend jamais la peine de frapper, ici. C'est Uurzaikh, l'un des fils d'Enkhetuya et de Doudgi. Ils ont cinq enfants. Lui a quatorze ans, une énergie incroyable, et des yeux en amande qui remontent jusqu'aux oreilles. Très beau. Sans dire bonjour il se dirige vers la marmite, se sert un énorme bol de thé et s'assoit.

Il fait nuit. La cuisine au feu de bois est prête. Toujours la même : pâtes au gras de mouton. Je prends les bols en plastique, lavés par le chien, et des fourchettes où quelques bouts de viande rabougris sont encore accrochés. Loin de me couper l'appétit, je gloutonne. C'est peut-être l'altitude. On est à deux mille mètres. Ou le sentiment de devoir prendre des forces avant le grand saut...

Je sors. Pour adoucir mes doutes. La lune brille au sommet de la forêt de mélèzes. Tout est bleu. Bleue la forêt, bleue la prairie, bleus les chevaux, bleus les rennes, tous assis autour du tipi. Ils ont gratté la terre avec leurs sabots, formant de grosses bassines dans lesquelles ils s'installent pour se protéger du froid. Silence absolu dans la forêt de Bambi. La sorcière va faire pipi derrière le grand arbre sacré. Elle a froid. Mais elle n'a plus de doutes. Plus de peurs.

Je pousse la porte du tipi, une bâche de toile lestée par un morceau de bois. À la lumière pleine d'ombres de la bougie, Enkhetuya se tourne vers moi en mettant ses mains jointes contre sa joue droite. Elle me montre ma place pour la nuit, sur une peau à longs poils marron. On dirait du yak. J'y étale mon sac de couchage. Vert pomme. Sans oser me déshabiller devant tout le monde, je glisse dans le sac. Je me demande comment ils font pour faire l'amour ici ? Sans un seul coin d'intimité. Enkhetuya m'enfouit dans une couverture en peau de mouton. Au sommet du tipi je vois la nuit bleutée. C'est génial de voir le ciel de son lit. Même si ce lit est dur comme la terre. Serrés les uns contre les autres, on s'endort. La tête au nord. Je n'ai plus qu'à sourire. Plus qu'à écouter, en prenant doucement la forme de cette nouvelle vie...

Je suis réveillée par des coups sourds frappés sur la terre. Doudgi coupe du petit bois à la hache. Il allume le feu. Une douce chaleur envahit le tipi. Comme la lumière du ciel qui s'éveille. Sa teinte rose coule dans le bol de thé que Doudgi vient de me servir. Un grand renne marron apparaît dans l'ouverture du tipi. Il regarde à l'intérieur en écartant les pattes arrière. Il fait pipi ! Doudgi le chasse en criant. On rit. Je l'aime bien. Il me sert un autre bol de thé. Bouillant. En me brûlant la langue je réalise que je n'ai pas mangé un seul légume depuis quinze jours. À part des petits morceaux de patates par-ci par-là. Heureusement que j'ai l'arme absolue, des graines de lin mises à tremper dans de l'eau avec des raisins secs. Simple, mais efficace pour compenser le manque de légumes, de fruits, de fibres. J'ai aussi des huiles de poisson en capsule et de la vitamine C.

L'odeur de terre humide et de crottin de renne envahit le tipi. Je sors. J'inspire. Le soleil fait briller les arbres de l'autre côté de la rivière. C'est là que je vais. De l'autre côté de la rivière. Enkhetuya appelle : « Croïcroï, Croïcroï ! » C'est mon prénom dans son langage. Elle est en train de traire les rennes. Je fais le geste de traire. Elle fait « non » de la tête. Il faut dire que la dernière fois que j'ai essayé, j'ai attaché les pattes arrière au lieu des pattes avant. Ce qui fait que ma renne se cassait la gueule chaque fois que je voulais écarter ses pattes pour pouvoir la traire...

Enkhetuya me fait comprendre que ma nouvelle mission est de rassembler les rennes autour du tipi. Préparation mentale. Si j'étais Rintintin, je me dirigerais vers celui qui est le plus loin et je me posterais devant lui pour lui faire rebrousser chemin. C'est parti. Une fois la bête la plus éloignée atteinte, je me place devant elle en poussant un cri improvisé... Elle avance ! Je crois que je commence à maîtriser la langue mongole. Ou alors le renne a eu peur. En tout cas il se rapproche du troupeau. Enkhetuya lève le pouce en rigolant ! Puis elle me fait comprendre d'aller de l'autre côté pour ramener le reste du troupeau vers le tipi. Je trotte dans la colline, commençant à comprendre les difficultés du métier de « renne-boy ». Pourquoi ils ne se servent pas du chien ? L'autre renne est reparti là où j'étais allée le chercher ! Merde. Ça marche hyper-vite, ces sales bêtes. Je me casse la figure dans les cailloux. Je transpire. Ça sent l'herbe et les plantes que les rennes ont écrasées avec leurs sabots. Je les piste. La tête dans les herbes je vois leurs cornes faire « oui, oui ». Je monte, je crie, je descends, je remonte. Un désastre. Ils sont maintenant tous disséminés sur la colline. Enkhetuya m'observe d'en bas. Je lui fais un signe avec les bras. Viens m'aider, je vais mourir ! Et immédiatement, surgit Doudgi sur son cheval. Il siffle, il pousse des cris, il talonne...

En trois minutes chrono, sans effort apparent, il rassemble tous les rennes autour du tipi. La leçon est terminée. Je roule en bas de la colline pour le rejoindre. Assis dans l'herbe à côté de son cheval, il fait des trous dans le cuir des rênes. Je suis épuisée. Ce qui le fait sourire.

Enkhetuya nous appelle du tipi. Doudgi se lève en me faisant signe de rappliquer. Il porte un pantalon de survêtement bleu avec trois bandes jaunes sur le côté et un tee-shirt rose bordé de dentelle. J'adore.

Un plat d'os bouillis nous attend, avec une tranche de pain. Doudgi attrape un os à pleines mains, tout garni de viande de mouton. J'en fait autant. Le tipi résonne du son caverneux des cartilages et de la viande arrachés par les dents. Je peux ? Signe affirmatif et sourire de Doudgi. J'attaque mon deuxième os. Il ne faudrait pas que je reste trop longtemps en Mongolie, déjà que je retrousse les babines pendant la transe...

3.

12 septembre

Je me réveille dans la nuit. J'ai peur. Une peur sourde. Profonde. Du souvenir d'une dimension dans laquelle je suis allée pendant mon sommeil. Une dimension que je ne connaissais pas et dans laquelle j'étais connectée à l'angoisse du monde. À la peur animale. Une sensation que je ressens pour la première fois. Comme si la transe avait ouvert une porte, dont j'aurais retrouvé le chemin pendant mon sommeil. Tout le monde dort. Et ronfle.

Enkhetuya a découvert qu'elle était chamane à l'âge de dix-sept ans. Les symptômes ont été des crises de tétanie et des pertes de connaissance. Toujours le soir. Comme elle pouvait tomber n'importe où, sur le poêle chaud, sur les pierres ou sur le tas de bois, elle devait rester allongée pour éviter de se faire mal. Ça a duré trois ans. Jusqu'à ce que sa mère se décide à aller voir un chamane. Comme c'était l'époque où la Mongolie était sous régime communiste et que le chamanisme était interdit, elle a dû le rencontrer en cachette. Son nom était Tchimgé. Il était d'un grand âge et un des rares à avoir échappé aux persécutions. Il a fait une cérémonie et a dit : « Dans votre famille il y avait un chamane. La racine chamanique familiale s'est réincarnée dans Enkhetuya. Si tu veux que ta fille reste en vie, il faut vite qu'elle devienne chamane. » À dix-sept ans elle a donc commencé l'apprentissage. Son professeur était originaire de Touva du Nord, et s'appelait Gombo xüü zaïran. Sa mère l'emmenait le voir en cachette. Il lui a appris à chamaniser avec l'esprit de la guimbarde.

C'est en prenant conscience de ses dons qu'elle a guéri. Quand elle était petite, à l'école, elle disait par exemple à ses camarades : « Ton père est dans la cour... », et il y était ! « Ta mère va arriver demain... », et elle arrivait le lendemain. Elle disait beaucoup de choses et ces choses arrivaient vraiment...

Moi je n'ai jamais rien vu. À part un rêve prémonitoire de ta mort, dix ans avant que ça arrive. Je te voyais te noyer, je tendais ma main pour te rattraper, mais tu ne pouvais pas la saisir. Tu as disparu dans l'eau, tu as coulé, j'ai plongé, j'ai cherché, aussi fort qu'aujourd'hui, et je me suis réveillée. En pleurs. Je t'ai raconté mon rêve. Tu as ri et puis on a oublié ce rêve. Parce qu'on ne peut pas croire qu'un tel rêve devienne réalité. Je voudrais bien que tu sois derrière la porte du son...

Doudgi s'est levé avec le jour. Il allume le feu. Le froid m'a fait glisser la tête à l'intérieur du sac de couchage. Je lui fais un petit signe de la main. Bonjour silencieux. Il réveille Uurzaikh en le chatouillant du bout du pied. Uurzaikh pousse un cri de guerrier. On rit. Dans deux minutes il sera à cheval...

Doudgi attrape un petit bidon en alu et un lien. Il va traire les rennes. Ses moustaches tombent doucement jusqu'à la barbichette du menton. À moi de sortir. Je traîne derrière moi deux bidons en aluminium. L'opération « corvée d'eau » commence. Elle consiste à marcher jusqu'au trou d'eau stagnante que la rivière à sec a bien voulu nous garder, à remplir le bidon de cette eau pleine de moucherons et autres bestioles ignobles, et à faire le chemin en sens inverse, dix kilos d'eau suspendus à chaque main.

Avec du thé et du lait, le goût de cette eau est acceptable. Il m'arrive quand même de rêver d'eau propre, de robinets, d'eau chaude.

Enkhetuya me fait signe d'approcher. Elle a la guimbarde en main ! On dirait qu'il est l'heure de ma première leçon de « langue des esprits ». Je m'assois en tailleur. Elle commence par me montrer comment placer l'instrument sur la bouche en posant ses dents sur les deux bras métalliques, puis avec son index, elle fait bouger la languette en métal qui se trouve entre les deux bras. Doiiiing, doiiiing. Joli son rond et doux et profond. À moi. Grriing, griiing. Aïe ! Je prends la lamelle dans les dents. C'est pas comme ça que je vais réussir à attirer les esprits...

Enkhetuya me fait une autre démo. Je me concentre. Je recommence. Déjà mieux. Il pleut. C'est moi qui fais pleuvoir ? L'eau tombe par le trou à fumée et s'évapore sur le poêle brûlant dans un son de fer à vapeur. Nous nous calons contre la toile du tipi. Enkhetuya a très mal aux reins. Je propose de la masser. Elle est d'accord. Elle me fait comprendre de prendre la guimbarde et de m'entraîner. OK. Je la mets dans ma poche. Elle s'allonge par terre. Le massage commence. Mes doigts plongent dans son énergie. Aussi douce que la fourrure d'un chat. C'est ce que j'ai gagné de mon expérience de chamane en Amazonie. Je ressens l'énergie des gens. Je pourrais même en faire une musique. Je ressens un rythme. Rapide ou lent. Aigu ou grave. Doux ou violent. En spirale ou en cercle. Épais ou léger. Enkhetuya s'endort. Doudgi entre en riant. Il est tout mouillé. Les gouttes de pluie claquent de plus en plus fort sur la toile du tipi.

Des voix, dehors ! Branle-bas de combat. Doudgi va voir. « Tourist-tourist ! » nous dit-il. Enkhetuya se réveille. Nous sortons, pour voir arriver un Mongol et cinq Italiens. Enkhetuya a l'air habitué à ce que des touristes viennent prendre des photos du tipi et des rennes. Après un moment d'observation, les Italiens me demandent si je vis là « avec ces gens... ». *Non parlo italiano*, voilà. Je m'éloigne. Ils prennent les photos. Enkhetuya leur fait comprendre qu'il faut payer trois mille tögrög, trois euros, pour prendre les photos. Ce qui ne leur plaît pas du tout. Et pourquoi elle ne pourrait pas profiter du tourisme ? Je me dis qu'à défaut de devenir chamane, mon stage en tipi me permettra de me recycler en commerce international.

Je vais marcher dans la mousse de la forêt. Il fait froid et humide. Le sommet de la colline est couvert de brouillard. La vingtaine de chevaux appartenant à Doudgi broute sur ses flancs. Ils n'ont pas d'enclos apparemment.

D'autres touristes arrivent. Des Chinois cette fois. Marre. J'ai faim. J'ai toujours faim. Peut-être l'altitude. Peut-être la plongée dans l'automne. Quoi qu'il en soit je décide de m'installer une cuisinière à l'extérieur. Voilà. Ne plus subir, c'est être libre. J'installe trois pierres en triangle à côté du tipi. Je mets du bois, très humide parce qu'il a plu, et j'essaie d'allumer un feu. Tout le gaz du briquet y passe. Sans résultat. Doudgi a repéré mes signaux de fumée. Il rapplique. Je vais chercher la marmite à fond rond tout noir de fumée. Il y a encore des pâtes d'hier dedans. J'appelle les chiens. Nettoyage express. Plus qu'à verser de l'eau du bidon dans la marmite, et à enlever délicatement les feuilles, les vers et les moucherons. Ça avance. En attendant que l'eau bouille je retourne dans le tipi pour demander un peu de riz. Les Chinois sont toujours là, avec un interprète qui parle anglais. Pouvez-vous traduire : « Puis-je prendre du riz ? » Il traduit. Enkhetuya me montre un sac et du lait de renne. Du riz au lait ? Bon. Je ressors, sous l'œil inquiet des Chinois.

Reste à mettre le riz dans l'eau. Ça bout très fort. Je pousse quelques branches pour atténuer le feu, tout en essayant de m'accroupir à la mongole, avec les pieds à plat. Ça me fait rouler en arrière. Je ne sais pas comment ils arrivent à faire ça. Je me réinstalle sur la pointe des pieds. Le riz a presque absorbé toute l'eau. C'est l'instant où il faut ajouter le lait de renne. Deux louches, que je mélange avec une branche. La fumée pique mes yeux. Je pleure, mon nez se met à couler et je ne peux rien essuyer parce que mes mains sont pleines du noir de fumée, ainsi que mes manches, mon pantalon, ma polaire... C'est le moment que choisit un Chinois pour sortir du tipi et se diriger vers moi. Il sourit. Pas moi. Le regard plein de compassion, il me tend une boîte de conserve. Pour moi ? *Yes.* Je prends la boîte. C'est une boîte de sardines...

Silence. De celle qui n'a jamais été confrontée à cette situation. Il continue de me regarder. Comme s'il attendait une réaction, un remerciement. Je suis d'abord en colère, d'inspirer sa compassion, puis gênée, de devoir accepter ce don, puis fière. De réaliser que par ce geste, réservé aux Tsaatanes, il vient de m'assimiler à autre chose qu'à une Occidentale. Par ce geste il a fait de moi une Tsaatane...

Sans oser parler anglais, je le remercie en serrant la boîte contre mon cœur. C'est la réponse qu'il attendait, il a l'air content, il s'éloigne. Toujours debout. Et moi par terre.

Doudgi vient me rejoindre en brandissant la boîte de biscuits que le Chinois vient de lui donner. Je lui montre ma boîte de sardines. Il sourit. Du sourire « bienvenue au club ! ». Tous les deux assis devant le feu, nous partageons le riz au lait, les sardines et les biscuits. Jusqu'à ce que Enkhetuya m'appelle. C'est l'heure du ménage, on dirait. Après avoir sorti toutes les peaux de yak du tipi, elle me colle une balayette de branches dans les mains en me faisant signe de les balayer. Elles sont pleines de brindilles, de terre et de crottin. On n'enlève pas les bottes en entrant, ici. Je suis en train de secouer les peaux et de tousser, lorsqu'une jeune femme mongole arrive de la vallée. Elle se déplace lentement, semblant porter son corps, revêtu d'un jogging gris clair, comme une charge à manipuler avec précaution. Enkhetuya me présente Norjmaa, une de ses filles. Elles ont le même visage de lune, mais pas le même regard. Celui de Norjmaa est ponctué de zones de nonchalance. Enkhetuya n'attend pas qu'elle reprenne sa respiration pour lui ordonner de m'aider à balayer le tipi. On pousse tout dehors. Mégots, papiers, os. Pas dans le feu. C'est sacré. Le feu.

13 septembre

Je suis réveillée par un orage de grêle. Les petites boules de glace me tapent sur la figure. Repli stratégique contre les bords du tipi. C'est son et lumière, ce matin. Les éclairs font comme des flashes au sommet du trou à fumée, il fait hyper-froid, un vent glacé passe sous la toile et dans tous les interstices du tipi...

Doudgi, imperturbable, est en train d'allumer le feu. Bonjour et sourire. Les autres dorment encore. Une fois le feu allumé, il enroule ses pieds nus dans de longues bandes de tissu vert en coton, puis il enfile ses bottes, des copies des bottes noires de l'armée russe. Comme je le regarde avec inquiétude, il me fait comprendre que ce tissu est plus efficace que mes chaussettes. Les Mongols ne mettent que rarement les bottes traditionnelles en feutre, les *gutul*. J'en ai vu une paire dans un coin du tipi. Elles ont le bout qui rebique vers le haut pour ne pas « blesser la terre » et pas de différence de forme entre le pied droit et le pied gauche.

Enkhetuya se réveille. Doudgi la couve du regard. Elle attache ses longs cheveux noirs, il lui sert un bol de thé brûlant, elle met ses mains autour du bol, discute avec lui, boit lentement le thé, nous offre une cigarette, allume la sienne, prend le temps d'apprécier cet instant du réveil, entre rêve et réalité, puis se lève pour aller accrocher son tambour de chamane au-dessus du poêle. La chaleur dégagée par le feu va tendre sa peau. Il va donc y avoir une cérémonie ce soir. Petit serrement de ventre. Transe ou pas transe ? Je regarde Norjmaa, toujours allongée, mais déjà en train de grignoter des bonbons. Son activité principale. Les touristes arrivent ! Je fuis. Pas envie de sardines en boîte.

Quelque chose me pousse à marcher. Je dois aller là-bas, au sommet de cette montagne. Je ne sais pas pourquoi. Pas encore. Les mains bien en rythme, je marche. Un nuage de dentelle passe sur ma tête. Il lâche quelques grêlons. J'ai l'impression qu'ils ne tombent que sur ma tête. Le soleil brille partout ailleurs. Je souris. Je monte. Je monte. Sans pouvoir m'arrêter. Quelque chose me pousse. Très fort. Comme si tu voulais me montrer quelque chose. Quelque chose d'important. Le sommet approche. Je souffle. Je souffre. Je ris. De ce qui m'arrive. Moi qui déteste marcher. Je vole. Tu vois. Le sommet est tout près maintenant. Comme l'ouverture d'un cadeau. Plus que le ruban, plus que le papier. Et voilà. J'y suis. Je vois. La beauté. Je sens. Un énorme sanglot monter du plus profond de moi. Comme un souvenir de toi. Je m'étouffe, le cœur en bataille, devant ce lac qui me regarde. Immense œil bleu aux mille profondeurs, dont la beauté m'oblige à lâcher ces sanglots de toi. De joie. À crier ton nom. À genoux. Merci. De me faire vivre ça. De me faire revivre ton image. Face à ce soleil qui me brûle de l'intérieur. Entre la terre et le ciel, je te retrouve. Je te vois. Là. Devant moi. Comme dans la steppe. Et lui, qui est-ce ? Il y a un vieux monsieur à côté de toi. Très vieux. Il me regarde en souriant. Pas plus réel que toi. Pourtant je le ressens. Quelle est cette dimension dans laquelle tu te trouves ? Que tu me montres. Mes jambes se mettent à vibrer. Comme en transe. J'ai peur. Un peu. De cette énergie qui me traverse. Je m'allonge. Pour ne pas tomber. Je m'imprègne de lumière. Pour pouvoir t'écouter. Ce lieu est comme une caresse de toi. Maintenant je sais ce qui m'a poussée à venir là. J'ai suivi tes vibrations. Comme une odeur qui m'amenait à toi. Qui révélait le chemin de ta dimension. Une fleur bleue tape à mon genou. Elle a cinq pétales et un cœur à cinq pistils. Alice au pays des merveilles a froid tout d'un coup. Je ferais bien de retraverser le miroir. Qu'est-ce qui m'arrive ?

Retour au tipi en dévalant la pente. Il n'y a pas de chemin pour aller là où j'étais. Je me sens pleine de lumière. Je déborde de mots, de sensations, d'odeurs. De fatigue. Tout s'ouvre. De l'intérieur cette fois. C'est l'espoir d'une piste. Qui m'apaise. Si longtemps que je te cherche. C'est ça ma fatigue. La fatigue de celle qui a trouvé. Qu'il ne faut pas douter, qu'il faut accepter ce qui est inévitable. Pour éclater la peur. De loin, le tipi ressemble à la jupe d'un derviche tourneur à chevelure de fumée.

Enkhetuya semble soulagée de me revoir. *Of course*, il est six heures du soir et je suis partie à onze heures. On dirait que le temps s'est éclipsé... Se peut-il qu'ici, les portes du temps soient en haut des montagnes ? Et qu'on puisse changer de dimension en les ouvrant ? Comment ai-je trouvé la clef ? Comment expliquer mon aventure à Enkhetuya ? Concentration. Je vais farfouiller dans mon sac à dos à la recherche de la clef de chez moi. À Paris. Voilà. Enkhetuya m'observe avec inquiétude. Je la fais sortir du tipi pour lui montrer le sommet de la montagne, je fais un petit bonhomme qui marche avec mon index et mon majeur. Le petit bonhomme marche jusqu'au sommet de la montagne, ouvre la porte avec les clefs et voit des personnages... Je mime la marche d'un vieux monsieur. Enkhetuya se met à sourire. Elle se désigne avec l'index, montre le haut de la montagne, mime d'autres personnages, puis tend son index vers moi et lève son pouce en opinant du chef. « Sain, sain ! C'est bien ! » Elle trouve ça normal. On dirait que, dans ce pays, les fous sont en liberté et qu'on les appelle des chamanes...

Enkhetuya me montre un bol. Elle m'a préparé du riz au lait ! En mangeant je regarde le tambour, accroché au-dessus du poêle. Il n'y aura pas Naraa pour me taper dessus pendant la cérémonie, cette fois. C'est bien. Et pas bien. Je ne sais plus. Je pense aux paroles de Balgir. Au risque de ne pas « revenir » de la transe. Je pense que, de toute façon, Enkhetuya sait ce qu'elle a à faire. Si elle me laisse assister à la cérémonie, c'est qu'elle a une idée de la manière dont elle peut me faire revenir. Du moins je l'espère...

Des Mongols arrivent, dont une belle vieille dame en del bleu marine avec des cheveux blancs tirés en chignon. Enkhetuya me fait comprendre que c'est sa mère. Elle parle du nez, exactement comme Donald ! Je l'aime tout de suite. Les autres entrent les uns après les autres pour s'installer en rond autour du poêle. Quinze personnes se mettent ainsi à discuter, à rire, les femmes préparent les pâtes, Doudgi offre le thé. Ambiance de fête. Le moment où tout le monde se détend et où les cigarettes et les soupirs circulent. Je le ressens d'autant plus que je ne comprends rien à ce qu'ils racontent. On m'a équipée d'un hachoir à viande et d'une planche en bois sur laquelle je dois découper les pâtes en lamelles. Comme mamie Donald. On se comprend toutes les deux. Entre deux découpes de pâtes elle me jette des regards complices. Nous finissons en même temps notre travail. Doudgi nous sert du thé. J'ai froid. Peut-être la peur qui gagne. Les mains bien collées aux parois de mon bol en plastique rouge, je bois le thé brûlant. La chaleur retrouve le chemin de mes veines. Détente musculaire. Il est temps de préparer le matériel d'enregistrement et d'aller faire mes offrandes aux esprits. Enkhetuya a installé l'autel avec des khadag, les écharpes de soie bleue, et des lanières de tissu censées représenter les esprits avec lesquels elle travaille. Tout le monde a déposé des bonbons, des cigarettes, des biscuits. Je dépose une bouteille de vodka. Peut-être qu'en état d'ébriété ils feront moins attention à moi...

Je suis prête. Il y a maintenant vingt-deux personnes dans le tipi. Deux hommes jouent au jeu de la ficelle qu'on tend entre le petit doigt et le pouce de chaque main. Ils m'invitent à plonger mes doigts dans la ficelle. Je joue avec eux. Je casse tout. On dirait que je stresse.

Doudgi fait brûler les branches de genévrier. La cérémonie va commencer. Tout le monde a enfilé son del. La fumée d'encens se répand dans le tipi. Cette odeur me calme. Doudgi passe maintenant le costume de chamane dans la fumée. Enkhetuya est debout devant l'autel, attendant que ses deux assistants l'aident à mettre son costume.

Le silence s'installe. Doudgi passe le tambour dans la fumée, frappe trois coups. La peau est bien tendue. Ça va. Il le tend à Enkhetuya, qui le prend dans sa main gauche, le battoir est dans sa main droite. Je regarde les visages, éclairés par la lumière des deux bougies et du poêle. Au milieu des ombres que la bougie fait vaciller, j'essaie de voir ce que révèlent leurs traits. J'essaie d'y découvrir l'inquiétude qui déforme les miens. Je ne vois que de la confiance. C'est mon mental que la bougie fait vaciller.

Le tambour résonne. Enkhetuya frappe un rythme très régulier et rapide, d'environ cent quarante battements minute. J'écoute, j'attends. Rien. Le son ne semble pas avoir d'effet sur moi. Je me détends, soulagée de ne pas ressentir les premiers soubresauts de la transe. Enkhetuya commence à tourner, le rythme change, accélère, s'arrête. Reprend. Je me demande comment elle arrive à tenir ce rythme aussi longtemps. Elle devrait avoir des crampes. Sans compter le poids du tambour. C'est sans doute l'effet de la transe. Ou alors elle est très musclée. Elle dégage en tout cas une force étonnante. Le son devient plus profond, le rythme plus rapide. J'ai envie de plisser les yeux. Comme si quelque chose envahissait mes oreilles. J'inspire. Ça va m'emporter. Comme une énorme vague de fond, un frisson sonore qui se propage. Faisant trembler mes bras, mes jambes. Mes mains se mettent à taper sur mes cuisses. J'ai besoin de frapper. De faire sortir ce rythme, cette vibration qui coule en moi. Impossible de m'arrêter. Les babines se retroussent. Je hume. Je renifle. Je saute. Je tape. Submergée par cette énergie si puissante qu'elle me fait ressentir la force de la terre. La force des orages. La force d'un loup. Je suis un loup. Plus de place pour le mental. Hors service, le mental. Impossible de résister. Respiration haletante. Pour tenir le choc. Ça va trop loin. Besoin de crier. Plus fort. Toujours plus fort. De frapper. De plonger dans le son du tambour. Le son. C'est là. Je le sais. Je le sens. La porte. Elle m'aspire comme un trou noir. Sans fin. J'y vais. Je vais passer. Non. J'entends le chant de la guimbarde. Elle m'appelle ? On me tire. On me traîne par les bras. Je suis molle. Vraiment molle. Pas la force de résister. On pose mon dos contre quelque chose. Impossible d'ouvrir les yeux. Je voudrais bien ouvrir les yeux. On me réchauffe les mains. Les bras. Leurs mains sont trop chaudes. Il y a plein de voix autour de moi. J'ai encore des soubresauts. Une queue d'énergie. Un petit reste à faire sortir. Le son !

Le son de la guimbarde encore. Il pénètre mes oreilles comme une coulée de chaleur. J'ouvre les yeux. Et je vois Enkhetuya. Face à moi. Une bougie éclaire son visage. Incroyablement serein. Espace vide entre elle et moi. Laissé vide par les Mongols qui font comme une haie de visages de part et d'autre de ce chemin me conduisant à elle. Elle arrête de jouer. Elle me tend la guimbarde. À moi de jouer ? Signe affirmatif. Je la pose entre mes dents. Je joue. Je sais jouer. J'appelle. Je fais vibrer le son. Qui s'en va là-bas. Vers toi. Adoucir ta tristesse. Caresser tes pleurs. Je n'ai pas pu passer derrière la porte. Silence.

On m'apporte un bol de thé. Je souris. Enkhetuya ne m'a pas lâchée des yeux. Maintenant que je suis « revenue », elle sourit. En tout cas il suffisait d'une guimbarde pour me faire revenir. J'inspire. Enkhetuya me fait signe de venir m'asseoir près d'elle. Elle se met alors à sauter dans tous les sens en poussant des cris et en me montrant du doigt. Je réalise qu'elle me mime ! Tout le monde éclate de rire. Elle redevient sérieuse. Elle se désigne, me désigne, réunit ses mains pour les faire zigzaguer vers le ciel. Ce qui veut dire ? « Mes esprits et les tiens se sont rencontrés. Ils se sont promenés ensemble. » Je suppose. Enkhetuya parle maintenant à l'assemblée. Qui tourne son visage vers moi, vers elle, vers moi... On observe la bête. Comme chez Balgir. Je fais comprendre à Enkhetuya que je vais enregistrer ce qu'elle est en train de dire sur le minidisque. Naraa traduira. Le rouge s'allume. La voilà en train de parler dans le micro de BBC World. Anachronisme ?

J'ai l'impression d'avoir fait un marathon. « Un marathon chez les esprits », me dirait Naraa. Mais je ne suis pas prête à entendre ça. On va dire que la musique agit sur mon cerveau de telle façon qu'il se met en veilleuse pour laisser la place à son sens du rythme et du saut à « l'énergie ». Voilà. Enkhetuya distribue des sachets d'encens à l'assemblée et des brins de laine rouge. Sans doute des protections contre les mauvaises énergies. Il n'y a pas un sachet pour moi ? Toi tu es chamane, tu dois te protéger toute seule ! C'est bien ça le problème...

Tout le monde est prêt pour le rituel de la vodka. Une goutte pour le ciel, une goutte pour le vent, une goutte pour la terre. Et tournée générale ! C'est sûrement ton âme qui est passée dans mon annulaire. Et la mienne qui est passée dans le tien. T'avais pas le droit de partir. J'ai perdu mon âme, maintenant. Deux bouteilles sont vidées. Brûlantes dans mon estomac. Je me sens bien, dans ce tipi entre deux mondes. Bien, en haut de la montagne. Bien, en bas. C'est simple ici. De changer de dimension.

Installation pour la nuit. J'ai la place à côté d'Enkhetuya. Elle m'emballe dans la peau de mouton, me demande si je vais bien, si je n'ai pas froid, si je veux encore un peu de vodka. On rit. On est dix-sept à dormir dans le tipi, vraiment serrés les uns contre les autres. Les hommes continuent leurs discussions. Fort. C'est normal, ici, de ne pas faire attention à ceux qui dorment. Normal quand on vit dans une seule pièce. C'est donc aux dormeurs de s'adapter au bruit. D'où leur capacité à dormir dans n'importe quelles conditions.

Je me réveille pendant la nuit en grelottant de froid. Le poêle est éteint et papa ours dort profondément. Il ne me reste qu'à aller chercher un pull supplémentaire dans mon sac à dos. Le problème est que je suis environnée d'une marée de corps et qu'en Mongolie il est interdit d'enjamber quelqu'un, à moins de laver l'affront en lui serrant tout de suite la main. Je vois toutes ces mains que j'aurais à serrer, présidente de la République du tipi. Quand je pense qu'ils passent l'hiver à moins cinquante. Les chants d'Enkhetuya résonnent dans ma tête. Comme si une partie de moi était encore de l'autre côté. Je me sens partir. Début de malaise ? Peut-être une sorte d'hypoglycémie. Putain de froid. Je touche mon nez. Gelé. Je le mets sous le sac de couchage. Le jour se lève. Si seulement la porte du poêle pouvait couiner. Ça voudrait dire bois-dans-le-poêle, allumette, feu, chaleur. C'est drôle comme un son peut donner le départ d'une suite d'actions dont le résultat est connu d'avance. Je pense au Big Bang. Départ ou résultat ? Je pense à la mort. À la naissance. À l'ordre des choses. Si tout ça s'inscrivait dans un cercle, il n'y aurait ni avant ni après. Je sais que tu es toujours là. Quelque part. J'y arriverai. J'arriverai à franchir la porte du son. Pour découvrir la partie cachée du cercle...

4.

14 septembre

Extérieur : Jour. Transhumance.
Intérieur (de moi) : Lucky Luke...

Doudgi est en train d'attraper des chevaux au lasso.
Un vrai rodéo. Surtout sa course après un cheval marron qui ne se laisse pas faire. Doudgi lui court après,
mais chaque fois qu'il est sur le point de le prendre,
le cheval fait un galop de dix mètres, la queue en l'air,
la tête bien dressée...

Doudgi le tient maintenant au bout du lasso. Je
rejoins Enkhetuya dans le tipi. Elle fait un tri dans les
sacs. Je profite du rangement pour me changer et lui
montrer les taches rouges et bleues qui sont apparues
sur le haut de mes cuisses. Elle regarde. Et puis se met
à taper sur ses cuisses et à sauter. Je comprends. Que
j'ai passé la transe à taper sur mes cuisses. Pourtant je
n'ai ressenti aucune douleur.

J'entends un son de scie. Je vais voir. Doudgi et
Uurzaikh sont en train de scier les bois du grand renne
blanc ! Il se laisse faire. Ça ne doit pas lui faire mal.
Mais ça a l'air très dur à scier. L'opération terminée,

il ne reste que vingt centimètre de bois sur la tête du renne. Avec une expression de grosse chèvre il repart tout penaud rejoindre le reste du troupeau. Pourquoi vous faites ça ? Dans un mime splendide, Enkhetuya me fait comprendre qu'ils évitent ainsi aux mâles de prendre leurs bois dans les branches de mélèze lors de la transhumance. Elle me montre que les bois coupés servent de racks pour pendre des sacs. Mais alors tous ces préparatifs indiquent le départ pour la transhumance ? La réponse est oui. Nous partons tout à l'heure. Naraa m'avait parlé de cette transhumance, dont le but est de ramener les rennes plus au nord, dans la taïga. Mais elle ne m'avait pas dit que je devais faire partie du voyage. Il va faire encore plus froid...

Ne pouvant aider Enkhetuya dans ses rangements, j'écoute l'enregistrement de la transe. Ou plus exactement les soixante-quatorze minutes qui ont été enregistrées. Je m'entends taper, pousser des cris, renifler, ronfler et caqueter. Pas très glorieux. La louve se transforme en pintade et en truie. Quelquefois ça ressemble même à un cri de singe. Peut-être des réminiscences de ma jeunesse en Afrique. Je vois qu'Enkhetuya m'observe, l'œil plein de questions. Je lui mets le casque sur les oreilles. Elle écoute. Et elle rit. Jusqu'au fou rire. Je dois même lui arracher le casque des oreilles pour qu'elle arrête. Super-vexant. Je ne risque pas de faire écouter cet enregistrement à qui que ce soit d'autre...

Je pars sur ma montagne. Là au moins les esprits rient en silence. J'arrive au sommet beaucoup plus vite qu'hier. Sans doute parce que je sais où je vais. Pas de sanglots, cette fois. Juste un vent glacé qui givre ma tête. J'avance un peu pour trouver un coin protégé du vent. Je découvre une petite clairière d'herbes hautes, entourée d'une forêt de mélèzes qui descend jusqu'au lac. Argenté aujourd'hui. Je m'allonge, la tête dans les épis. De tout petits nuages sont dessinés dans le ciel, comme des mots de dragon sur une page bleue. Ils me racontent leur dimension. Un criquet vient se poster en sentinelle sur mon ventre. Je vois ses antennes bouger. Je m'endors doucement, bercée par des vagues de silence. Bonjour, vieux monsieur ! Je lui fais un signe. Au cas où il n'aurait pas vu que je sentais sa présence. Et puis tous les deux on regarde passer le ciel. Jusqu'à ce que j'aie froid.

Alice se dit qu'il serait temps de retrouver la raison que cette montagne lui vole à tous les coups. Alors, en sautillant elle cherche sa raison. Qu'elle ne trouve pas. Alors, en chantant elle redescend, laissant en ce lieu sa raison, à laquelle finalement elle ne tient plus tellement...

Mauvaise surprise au retour de mon voyage : le tipi est tout dépiauté ! La toile a été enlevée. Seuls restent le squelette et Enkhetuya à l'intérieur, en train d'emballer des affaires. Elle me fait signe d'emballer les miennes et d'aller voir Doudgi pour le cheval. Le cheval ? Mon dernier « rodéo » remonte à cinq ans...

Doudgi et Uurzaikh chargent des sacs sur les rennes. L'un d'eux se met à brailler en écartant les quatre pattes tellement sa charge est lourde. Sa mimique fait rire tout le monde. Sept rennes sont ainsi bâtés et encordés les uns aux autres, le grand renne blanc en tête.

Mon cheval est avancé. Il est marron foncé, petit, musclé avec des oreilles qui bougent, des naseaux poilus, et une selle rouge dont le cuir est fixé avec des rivets dorés. Il a l'air gentil. Doudgi me le tient. Hop, je monte. Je fais signe à Doudgi que tout va bien. Il me donne les rênes. Tour d'honneur.

Doudgi met alors une petite selle en bois sur le dos du grand renne blanc, puis monte dessus. Une fois bien installé, il pousse un cri. C'est le signal du départ. La caravane s'ébranle, Doudgi en tête, Enkhetuya, Uurzaikh et moi derrière le troupeau. La maman d'Enkhetuya et Norjmaa nous quittent pour redescendre près du lac, là où se trouve sa ger. À cheval aussi. Mémé a quatre-vingt-cinq ans...

Je ne sais pas quand je reviendrai. Naraa m'a dit que le moment venu quelqu'un me raccompagnerait jusqu'à Khatgal, la petite ville à l'extrême sud du lac, et que, de là, je devrais reprendre un van jusqu'à Ulan Batar. Le même chemin qu'à l'aller. Et pourtant si différent.

Départ presque euphorique sur mon destrier. Les Tsaatanes suivent une piste caillouteuse pendant un quart d'heure, puis tous à la queue leu leu, encouragés par les trois chiens, entrent dans la forêt de mélèzes. Les ennuis commencent. Parce qu'une fois dans cette forêt, les rennes se mettent à vaguer au gré des herbes qu'ils aiment brouter, nous laissant dans une confusion totale quant à la direction à leur faire suivre. Doudgi ne s'occupe pas du désastre. Il avance avec les rennes encordés sans même tourner la tête. À nous de nous débrouiller avec le troupeau ! Il y en a un à droite, caché dans les arbres. Uurzaikh me demande de le ramener. Mais je ne suis pas cow-boy ! Il me fait signe de me dépêcher. Allons bon. Comment on fait ? Je donne un petit coup de talon, en tirant délicatement les rênes de ma monture dans la direction du renne égaré. Trotte, trotte, ma jument, je fomente un plan d'approche qui obligera le renne à revenir sur sa décision de nous quitter. La caravane étant à ma gauche, je le contourne par la droite, en criant « Ouch, ouch ! » comme font les autres. Sauf que je ne siffle pas parce que je n'ai jamais su. Le renne redresse ses bois brusquement et part en trottinant ! Je vois son petit croupion blanc, la queue tremblante, rejoindre le troupeau. J'en pleurerais de joie. Je n'ai même plus besoin de diriger mon cheval, il va chercher les rennes tout seul. Je crois qu'en prévision, ils m'ont filé le cheval le plus intelligent du troupeau.

On entame l'ascension d'un col. Les rennes sont bien en ligne devant nous. Uurzaikh ferme la marche. On passe au ras d'énormes blocs de rochers en forme d'aiguilles. Des aigles planent au sommet. Le ciel est bleu foncé. Je pense à toi. Qui dois partager ce spectacle. On arrive dans un immense cirque d'herbe dont les pentes sont constituées de pierriers. Une ligne parcourt le versant jusqu'au sommet. C'est le chemin de la Sibérie. Celui que nous allons prendre. Vertigineux. Tout est pelé par le vent.

Nous arrivons au col. Au loin, le lac étincelle. C'est encore loin ? Uurzaikh me fait comprendre de cravacher mon cheval parce qu'on a encore une vallée à traverser, un col à passer et une forêt à redescendre avant de s'arrêter. Ça fait plus de trois heures qu'on est partis. Mon cheval transpire. Il baisse l'encolure à chaque pas. Il fait chaud. J'ai mal aux fesses.

Un vent glacial nous accueille en haut du dernier col. Je découvre une immense forêt, une vallée et des montagnes. À perte de vue. La taïga. La Sibérie...

Ça descend raide. Il n'y a pas de sentier. Juste des trous et des rochers et des trous entre les rochers. Mon cheval flippe. Moi aussi. Les autres prennent de l'avance. Je n'arrive plus à les suivre. Ils disparaissent dans le vallon. J'entends le craquement des branches qu'ils écrasent. J'avance en évitant les crevasses. Où doit-on passer maintenant ? Silence du cheval. Silence de la forêt. Le terrain est de plus en plus crevassé et en pente. Ce n'est pas la bonne direction. Jolly Jumper accepte de faire demi-tour. Du bout des sabots il évite les crevasses. Tu es admirable, mon cheval.

Ça y cst, je vois la queue en plumeau d'un renne, précédée de tous les petits croupions blancs du troupeau. Ils se dirigent hâtivement vers Doudgi, juste devant. Inspiration.

Nous longeons un vallon glacial qui zigzague autour des mélèzes et d'un ruisseau moussu. Mes cuisses tremblent. De froid. De fatigue. Doudgi me fait signe de descendre de cheval. Uurzaikh est déjà en train de débâter les rennes. Enkhetuya étale les sacs sur la mousse verte. J'ai juste la force d'enlever la selle et de trembler. Ils ont choisi l'endroit le plus froid de Mongolie. Doudgi me lance un « *Tsai ?* », qui veut dire : « *Would you like some tea ?* » *Of course* je veux du thé. Mais avec quoi on va faire bouillir l'eau ? C'est alors que Doudgi fait apparaître poêle, bois dans le poêle, allumette, feu, marmite, thé, pain, crème de yak et sucre. Une merveille, cet homme.

Nous voilà tous assis sur de la mousse vert clair, en train de nous goinfrer de thé brûlant et de tartines « yakées », autour d'un poêle qui fume. Exposés à Beaubourg on nous mettrait l'étiquette « Installation ».

Mais l'œuvre d'art, ventre chaud, commence à se demander dans quoi elle va dormir. À peine leur « goûter » terminé, Doudgi et Uurzaikh partent avec des haches. Je les suis. Ils marchent un petit moment pour finir par s'arrêter devant un groupe de jeunes mélèzes, qu'ils abattent, qu'ils ébranchent et dont, en deux minutes, ils font onze troncs aussi nets que des mâts. Ils vont faire un tipi ! J'aide à porter le trésor jusqu'à l'endroit où le poêle fume. Un vent glacé court le long du vallon. Uurzaikh assemble le sommet des trois plus gros troncs avec une corde, les place à la verticale et les dispose en triangle autour du poêle. L'image du tipi est née ; un cercle virtuel de quatre mètres de diamètre sur trois mètres de hauteur. Une fois les trois troncs calés dans la mousse, les neuf autres sont juste posés contre eux, en étoile. Il n'y a plus qu'à enrouler la toile autour de l'armature, et à la fixer par des cordes reliées à des pieux. L'entrée du tipi est orientée à l'opposé du sens du vent. La dernière étape est l'installation d'une porte, qui consiste en une petite toile, alourdie d'une branche accrochée à l'horizontale. J'entre dans la nouvelle maison au sol de mousse. C'est tout doux. Tout chaud. Le poêle ronronne. Enkhetuya entre à quatre pattes en poussant des peaux de renne devant elle. Je l'aide à les disposer tout autour du poêle. C'est douillet. Les hommes nous passent les sacs. Nous les installons sur le pourtour du tipi. Il nous protégeront des courants d'air glacés qui glissent sous la toile.

Le ciel passe du rose au mauve. Nos visages aussi. Doudgi prépare le dîner. Riz au gras de mouton. Puis nous allumons une bougie. Puis nous fumons une pipe. Ils discutent, ils rient. Jusqu'à ce que la nuit tombe. J'enfile la totalité de mes pulls avant de me glisser dans le sac de couchage. Il fait très froid.

Je me réveille dans la nuit, avec l'impression d'avoir voyagé dans une dimension jusqu'alors inconnue. Encore une autre. Dans laquelle je me vois en train de rêver. C'est la première fois que ça m'arrive. Un peu comme si mon « moi » s'était séparé en deux, et qu'un des « moi » regardait l'autre rêver. Séance de cinéma.

Sauf que d'habitude tous mes « moi » sont dans le film. Une coulée de vent froid arrive sur mon nez. L'escargot plonge dans son sac de couchage. En boule.

15 septembre

La couverture de Doudgi bouge ! Je vois sa tête apparaître, qui me regarde avec des yeux clignotants et un grand sourire ébouriffé. Je l'adore. Il est toujours où il faut, quand il faut. Sans faire de bruit. Simple. Nous échangeons nos petits signes de main. Il se lève pour allumer le feu. Torse nu ! Bibendum reste sous son duvet. J'ai plein de courbatures. Je me dis que si j'étais en transe je ne ressentirais pas la douleur, ni les courbatures, ni les odeurs, ni le froid, ni le chaud. Ce qui veut dire qu'il y a un moyen de déconnecter toutes ces sensations. Ou en tout cas de ne pas les amplifier. Ça sent bon. Le feu crépite. Enkhetuya et Uurzaikh se réveillent. La bonne humeur plane. L'envie de faire pipi aussi. Véritable épreuve du matin dont le seul intérêt est de me faire sortir juste à temps pour voir le soleil apparaître au sommet de la montagne. Avec l'instant de joie qui accompagne ce moment unique. Le ruisseau se met à étinceler, couvert d'une fine couche de glace, cassée aux endroits où l'eau fait des sauts. J'attrape cette eau joyeuse pour me laver les dents *on the rocks*. Ça réveille.

Les hommes, hache en main, partent couper du bois. Je retourne au tipi. Bien au chaud. Je prends mon stylo, en réalisant qu'il n'y a qu'à mon cahier que je peux parler, ici. Je suis muette toute la journée. Ça me manque de dire des mots. Personne à qui raconter le rêve dans lequel j'ai l'impression de me trouver. Où est la réalité dans cette histoire ? Qu'est-ce que je dois croire ou ne pas croire ? Comment prendre du recul face à ce qui m'arrive ? Il faut absolument que je parle à quelqu'un. À quelqu'un d'occidental comme moi. Il faut que je rencontre cette anthropologue dont on m'a parlé à Paris. Laetitia Merli. Elle vit depuis trois ans à Ulan Bator, pour étudier le chamanisme. J'ai besoin d'une bouée de sauvetage. D'une protection contre moi-même...

Doudgi entre dans le tipi en poussant le bois qu'il vient de couper. Il me fait comprendre que lui et Uurzaikh vont aller dans la montagne pour repérer les loups. Tu veux venir avec nous ? Non, merci, je vais buller et jouer de la guimbarde sur une des montagnes qui nous entourent. Habillée en orange. Parce que maintenant que certains soirs je me transforme en loup, vous seriez capables de me tirer dessus...

5

18 septembre, transhumance

Extérieur. Tipi by night.
Intérieur (de moi) : « I am a poor lonesome cow-boy
and a long way from home... »

Le tipi est inondé de rap mongol. Nous chantons à tue-tête ce que le lecteur de cassettes diffuse au rythme coulant de ses piles usées. Entre deux fous rires c'est Enkhetuya qui chante le plus faux ! À fond le refrain en bougeant la tête et les bras : « Chimi chimi chimeeeeen, Chimi chimiiiiiii altoumen ! » Je me demande bien ce que ça veut dire. Les rennes vont avoir du mal à dormir ce soir.

Uurzaikh sort un peigne en plastique d'un sac. Devant un petit miroir qu'il tient dans la main gauche, il commence à se coiffer. Il met tous ses cheveux en arrière, puis en avant, puis sur le côté. Ça ne lui plaît jamais. Il finit par faire une raie au milieu, en ramenant sa frange sur les côtés comme des moustaches. Sourire au miroir. Il sort, il fait le tour du tipi en hurlant, revient dans le tipi, s'assoit, se sert du thé, boit, se relève, change la cassette, Spice Girls cette fois, danse en faisant le pitre, ressort et tous les jours comme ça, quand il n'est pas à cheval ou en train de courir derrière les rennes ou de provoquer son père à la lutte. Doudgi le rétame en trois minutes. Il finit toujours par demander grâce et tout rentre dans l'ordre.

Enkhetuya me tend la guimbarde en me faisant signe d'en jouer. Elle veut probablement vérifier les progrès que j'ai faits. Je commence. Doiing, doiing. Pas simple de parler aux esprits. Elle semble contente. En tout cas, le métal ne frappe plus mes dents. Elle reprend la guimbarde, y attache un khadag, l'écharpe de soie bleue, et des rubans de couleur. Neuf couleurs. Puis elle enroule un peu d'encens dans un nœud qu'elle fait au bout du khadag. Elle porte la guimbarde à son front et me la tend. Tu me la donnes ? Je n'ose pas la prendre. Je n'ose pas croire qu'elle puisse me donner cet instrument magique. Je la regarde. Pour moi ? Elle sourit. « *Tim.* » Oui. Lentement j'avance les mains. Comme si j'avais peur de me réveiller. Je prends la guimbarde enveloppée de ses rubans de couleur, je la porte à mon front. Mes yeux se remplissent de larmes. Je l'embrasse. Je lui mouille les joues serait plus juste. Elle a toujours ce beau sourire qui comprend. Cet appeau à esprits est celui qui va t'appeler. Mon visage rayonne. Enkhetuya me dit quelque chose. J'enregistre. Naraa traduira. Je comprends juste qu'elle est satisfaite de mes progrès et que le moment de partir est arrivé. Uurzaikh doit me raccompagner jusqu'à Khatgal. Nous partirons demain matin. Eux vont continuer la transhumance, encore trois semaines de voyage avec les rennes. Elle prend le dictionnaire mongol-anglais que j'ai apporté pour me montrer un mot...

« *Birthday.* » C'est son anniversaire ? Elle me fait « cinquante-deux » avec ses doigts. Je l'embrasse. Elle est étonnée. On ne s'embrasse pas ici. Je lui fais comprendre que je me sens bien parmi eux. Mon chemin est là, qui s'ouvre. Je devrai aller jusqu'au bout pour comprendre ce qu'est ce « monde des esprits ». Pour savoir pourquoi je suis chamane. Savoir c'est prendre le risque d'aller voir. C'est interdire le doute à la raison. C'est accepter les signes, accepter la folie. Aller jusqu'au bout pour être sûr. Et revenir. Ou pas.

19 septembre

Je me réveille au lever du jour, au moment où le ciel hésite encore sur la couleur qu'il va prendre. Comme moi. Qui ne sais pas encore où je suis. Qui je suis. J'adore ce moment précédant l'ego. Doudgi vient d'allumer le feu. Je me lève. Je dois préparer le bilan de ce voyage pour la BBC, avec l'impression de devoir ressouder le cœur à la raison. Être privée de toi m'a mise dans un état de panique qui m'empêchait de vivre. J'étais au régime. Et l'espoir de te retrouver me fait retrouver l'équilibre. Le présent. C'est comme ça que ça fait dans mon âme. Plus je me rapproche de toi, plus je peux respirer de nouveau. Plus je peux aimer de nouveau. Difficile à accepter. Mais je dois découvrir le lieu du rendez-vous. Je te l'ai promis. Même s'il est dans une dimension que ma raison me pousse à ignorer. Je dois apprendre à voir tes signes. À les ressentir comme une évidence. Pas à les inventer, pas à les voir là où ils ne sont pas. C'est peut-être ça qui va me sauver de la folie. Je dois rester en équilibre. Entre le cœur et la raison.

Doudgi prépare mon cheval. Je finis de ranger mes affaires. Avec un serrement dans le cœur. Les Mongols détestent les adieux. Moi aussi. C'est pour ça qu'ils ne disent jamais au revoir. Uurzaikh est déjà à cheval. Il m'attend. Je serre Doudgi dans mes bras. Puis Enkhetuya, qui me dit « *Next year !* » « Tim, mais next year quand ? » Elle fait un huit avec ses mains. Août ? Je fais un huit avec mes mains. « Tim. » Elle me fait signe de jouer de la guimbarde. Oui, coach ! Promis. Puis elle me donne un morceau de papier. On dirait une liste de courses écrite au crayon. Je la mets dans ma poche. Naraa m'expliquera.

Sans traîner, je monte à cheval. Uurzaikh me précède. Nous montons tout droit dans la montagne. Le soleil se lève derrière nous, face à la lune presque ronde. Sur le plateau, le vent souffle. Glacial. Les cheveux dans la figure, Don Quichotte et Sancho avancent, bercés par la voix d'une chanson mongole, « Baltir tchoc toor couiiiiir... ». Le vent pousse les mots. Le vent les étire. Chant long comme le temps. Qui, vu d'ici, n'a pas la même forme...

III

Entracte

25 septembre, Ulan Bator

Extérieur : Jour, « Chez Richard ».
Intérieur (de moi) : Café philo...

Des marches en bois me conduisent à la terrasse de Chez Richard, un café français où tous les étrangers d'Ulan Bator se retrouvent. J'ai rendez-vous avec Laetitia Merli, l'anthropologue dont on m'a parlé à Paris. Il se trouve que Naraa l'a déjà rencontrée et qu'elle a réussi à retrouver ses coordonnées par la cousine d'un de ses amis.

Personne sur cette terrasse ne semble correspondre à la description de Laetitia. Je m'assois à une table en bois. Depuis mon retour, Naraa a traduit tous les enregistrements faits chez Balgir et chez Enkhetuya. Je dois les faire écouter à Laetitia. Est-ce qu'elle va me croire ? Est-ce que je peux lui raconter toute mon histoire sans qu'elle me prenne pour une folle ?

D'après ce qu'a traduit Naraa, Enkhetuya m'a donné rendez-vous l'année prochaine au mois d'août. Je devrai rester deux mois avec elle pour continuer ma formation. Mes « devoirs de vacances » pour cette année sont, une fois de retour à Paris, de jouer de la guimbarde les neuvième, onzième et treizième jours du mois lunaire, jours pendant lesquels les esprits sont plus « proches » de la dimension des humains. La seule obligation quant au décor de la salle de concert est de jouer fenêtres ouvertes...

Une grande jeune femme brune arrive sur la terrasse. Ses yeux cherchent quelqu'un. C'est sûrement elle. Je fais un signe de la main. Elle me regarde, s'approche de moi. « Tu es Corine ? » J'ai le trac. Comme une impression d'être anormale et de devoir l'avouer. Elle commande une bière. Moi aussi. « Qu'est-ce qui t'arrive, alors ? » Silence. Je n'arrive pas à parler. Je réalise que, jusqu'à présent, je n'ai fait qu'entendre dire que j'étais chamane. Je n'ai moi-même jamais prononcé les mots. Peut-être parce que prononcer ce qu'on nous dit qu'on est veut dire qu'on a accepté de l'être. Qu'on se reconnaît comme tel. Laetitia me met en confiance. Elle m'explique qu'elle prépare sa thèse de doctorat en anthropologie sociale et culturelle à l'École des hautes études en sciences sociales de Paris et qu'elle vit ici depuis trois ans pour étudier : « Le renouveau du chamanisme en milieu urbain. »

— Ce qui veut dire ?

Laetitia sourit.

— Eh bien, je vis la plupart du temps avec des chamanes pour filmer les rituels, prendre des notes, essayer de comprendre pourquoi les gens vont les consulter, je ne risque pas d'être choquée par tout ce que tu peux me raconter...

Je me mets donc à parler. Laetitia écoute mon histoire. Je raconte tout depuis l'Amazonie. L'invisible et le visible. Elle me demande si j'ai lu quoi que ce soit sur le chamanisme mongol ou sibérien. Ma réponse est

non. Elle me dit alors que le choc psychologique pro-
voqué par la mort d'un proche peut être à l'origine
d'un état particulier de « perceptivité » que les chamanes interprètent, dans mon cas, comme un don chamanique. Ce qui n'explique pas comment le son d'un
tambour peut provoquer l'état de transe dont je lui parle
et dont les autres chamanes sont « victimes ». Mais
n'étant pas chamane elle n'a pu qu'observer les rituels,
sans pouvoir comprendre ce qu'ils ressentaient pendant
la transe, et sans avoir accès aux « mondes » qu'ils
disent traverser.

Nous décidons de nous retrouver à Paris le mois
suivant pour envisager et réfléchir à une forme de colla-
boration. Échanger nos connaissances nous permettrait
peut-être d'obtenir certaines réponses...

Paris, 3 octobre...

Extérieur : Neuvième jour du mois lunaire.
Intérieur (de moi) : Orphée à Paris.

Jouer de la guimbarde à la fenêtre d'un appartement
du Marais pour appeler les esprits me fait l'impression
de quelque chose qui cloche dans le décor. Quelque
chose que je suis sur le point de faire. Pour la première
fois. Alors je regarde la cour sur laquelle donne ma
fenêtre, je ris, je me dis que non, que ce n'est pas
possible, que je suis ridicule, que les voisins sont là,
qu'ils vont me voir, qu'ils vont m'entendre, qu'ils vont
se demander...

C'est la première fois. Que j'accepte d'être chamane
en France.

Ma guimbarde accrochée au sourire, je passe l'hiver dans les courants d'air, à la recherche de la vibration à laquelle tu dois répondre. Le langage des esprits semble infini...

Plus je réfléchis et plus je me dis que tout ça n'est sans doute que le résultat d'une incroyable histoire d'amour. C'est à force de vouloir te retrouver, de vouloir garder le contact avec toi, avec ton énergie, que j'ai dû développer cette sorte de « perceptivité ».

Les chamanes disent que je suis chamane. Moi je dis que je t'aime. Et que je suis prête à développer tous les dons possibles pour arriver à te retrouver. Ta mort ne sera pas inutile. Pour toi, je dois passer derrière la porte du son. Je dois apprendre à utiliser la transe comme un outil, un outil qui va me permettre de devenir une sorte d'« astronaute » de la psyché, une *psychonaute*. Dont le but sera de découvrir les possibilités du cerveau humain, les rives inconnues du dernier continent qu'il reste à explorer...

Laetitia et moi nous rencontrons plusieurs fois. Nous apprenons à nous connaître. À nous faire confiance. Son but, en accompagnant une « Occidentale qui suit une initiation chamanique », est non seulement d'essayer d'avoir une description de ce « monde des esprits » dont parlent les chamanes, mais aussi de pouvoir se poser la question de l'universalité de la transe et des visions chamaniques. Elle se demande en effet si quelqu'un comme moi, qui n'ai aucune culture ou éducation mongole, peut, lors des transes, avoir les mêmes comportements qu'un chamane mongol. Autrement dit, si le chamanisme est l'expression d'un *phénomène cognitif* propre à l'espèce humaine, auquel le chamane, quels que soient son cadre de références culturel, son éducation, ses croyances, aurait accès pendant les transes, ou un *phénomène culturel*, propre à une tradition...

Pour que cette étude soit la plus objective possible, et afin de n'avoir aucune référence intellectuelle qui pourrait influencer mon comportement et fausser les résultats, Laetitia me demande de continuer de ne rien lire sur le chamanisme.

En juin, le deal est posé. J'accepte de devenir un sujet d'étude, de révéler à Laetitia ce que je ressens pendant les transes, Laetitia accepte d'être le « garde-fou » dont j'ai besoin au cas où je glisserais trop loin de la raison...

Nous partons en août en Mongolie.

IV

La porte du son

Ulan Bator, 6 août

Extérieur : Jour. Back to Mongolia.
Intérieur (de moi) : « Mistic », le retour...

Laetitia est devant moi. Un mètre soixante-dix-huit d'enthousiasme fend la foule du marché d'Ulan Bator dans lequel nous nous trouvons pour faire les achats nécessaires à notre séjour dans la steppe auprès d'Enkhetuya. Nous n'avons pas de sacs, rien dans les poches, les pickpockets les coupent au cutter, notre unique trésor est le morceau de papier que m'a donné Enkhetuya lors de mon dernier séjour avec elle. En fait, une liste de courses, mais une mission en soi, celle d'acheter mon petit nécessaire de sorcière. J'ai du mal à croire que c'est vrai. Et Laetitia aussi. Ce qui nous fait rire...

La liste ne mentionne ni crapaud séché, ni baguette magique, ni balai volant, mais tous les ingrédients indispensables au passage de ce que j'appelle prudemment ma « deuxième étoile » de chamane :

— quatre mètres de tissu marron,
— quatre mètres de bleu,
— quatre mètres de bleu foncé,

— quatre mètres de gris,
— quatre mètres de vert,
— quatre mètres de jaune orangé,
— quatre mètres de bordeaux bariolé,
— quatre mètres de violet,
— un mètre de blanc.
— un tambour de chamane...

Bravant les mimiques incrédules et autres regards dans le dos, nous choisissons le plus sérieusement possible les tons et qualités de tissu de ma future combinaison de sorcière. Quant au tambour, ce n'est pas au marché qu'on le trouvera. Le « balai » censé me faire passer la porte du son doit être fabriqué par un artisan spécialisé et labellisé par les chamanes. C'est donc Enkhetuya qui s'en occupera.

Une fois la mission « tissu » accomplie, il ne nous reste qu'à acheter les cadeaux et provisions dont nous aurons besoin pendant la quarantaine de jours prévue pour ma formation auprès d'Enkhetuya, soit vingt-cinq kilos de riz, vingt kilos de farine, vingt kilos de pommes de terre, huit kilos d'oignons, cinq bouteilles de vodka, cinq briques de thé, deux kilos de biscuits, des épices, du sel, du poivre, une bouteille d'huile de soja, huit bouteilles d'eau, trois cartouches de cigarettes, deux kilos de bonbons, dix paquets d'encens, dix khadags, deux kilos de raisins secs, un kilo d'abricots secs, deux pots de Nescafé...

Laetitia semble aussi excitée que moi. Je crois qu'on va bien s'entendre.

12 août, nord de la Mongolie, sur la piste du tipi...

Quatre jours de piste plus tard, nous voilà enfin arrivés aux abords du lac Khövsgöl, le lac auprès duquel j'ai rencontré Enkhetuya l'année dernière. Le chauffeur attend que je lui indique le chemin. Le problème est que je ne m'en souviens pas très bien et qu'étant nomade, elle a très bien pu changer de campement...

— Mais elle ne t'a pas précisé le lieu du rendez-vous de cette année ? me demande Laetitia.

— Non, elle a juste dit que je devais être là en août. « Là » voulant sans doute dire là où elle était l'année dernière. Je devrais reconnaître. Peut-être qu'elle a oublié le rendez-vous et qu'elle est dans une autre région, parce que je n'ai eu aucun moyen de communiquer avec elle depuis un an...

— C'est le risque. Mais si elle a bougé elle est sans doute à peu près dans la même zone. À cause des rennes. Il suffira d'interroger les Mongols qui vivent près du lac. Tout le monde sait en général où se trouvent les chamanes.

Nous longeons le lac. Je cherche dans mes souvenirs, je reconnais certaines parties du paysage. Le chemin qui nous avait conduits au tipi était sur la gauche après un campement de gers. La route me paraît beaucoup plus longue que dans mon souvenir. Les gens à qui nous demandons où est Enkhetuya n'ont pas l'air de bien savoir. La nuit tombe. Le chauffeur veut retourner à Mörön, la ville entre Ulan Bator et ici, à cinq heures de piste...

Nous passons devant un campement de gers. Je reconnais soudain la piste qui part sur la gauche en formant une fourche avec de l'herbe au milieu. C'est là ! Tu es sûre ? Le chauffeur ne semble pas faire confiance à mon sens de l'orientation. Il sort de la voiture pour demander confirmation à une dame qui se dirige vers une ger. La dame confirme. Le seul problème est que Enkhetuya semble avoir « migré » beaucoup plus haut que l'année dernière et qu'elle n'est accessible qu'à pied ou à cheval...

La nuit tombant, le chauffeur nous dit qu'il repart chez lui. Il ne nous reste qu'à décharger notre tonne de nourriture du van et à passer la nuit dans ce campement. La dame nous propose de dormir dans une des gers. On accepte. En espérant que les esprits viendront nous donner un coup de main pour trouver les chevaux nécessaires à notre ascension jusqu'au tipi d'Enkhetuya...

Une fois le van déchargé nous payons le chauffeur, avant d'échouer, épuisées, dans le seul bar du coin. C'est là qu'un Mongol nous demande, en nous offrant une vodka, la raison de notre « visite ». Laetitia, parlant mongol, explique que nous cherchons Enkhetuya la chamane. « Mais je sais où elle est, je suis un cousin ! » Quelques vodkas plus tard et après évaluation de notre barda, il décide de nous accompagner. Rendez-vous est pris le lendemain matin à huit heures, quatre chevaux et quinze dollars étant néanmoins nécessaires à l'ascension du problème. Tope là.

13 août, dernière étape...

Tchimbaat, notre guide, est à l'heure avec les quatre chevaux. C'est lui qui les bâte pour charger nos sacs. Un exploit. Une fois tout le monde à cheval, il nous fait traverser une forêt, des prairies, des ruisseaux, un col, quand enfin, après environ trois heures d'ascension

110

vers un cirque tout pelé, apparaît le tipi. Enkhetuya, debout à l'entrée, scrute l'horizon, puis se met à marcher vers nous en criant : « Croïcroï ! »

Retrouvailles joyeuses. Je suis très émue. Et fière d'être là, avec ma guimbarde dans la poche. Toute la famille sort du tipi ! Je les présente à Laetitia ; Doudgi, le mari d'Enkhetuya, Badmaa et Uurzaikh, leurs enfants... On s'embrasse. Laetitia explique pourquoi elle est là, elle demande si elle peut vivre avec nous, si elle peut filmer...

Échange de regards. Évaluation. La réponse est oui !

Enkhetuya nous invite à boire un thé dans le tipi. Toutes les odeurs reconnectent mes souvenirs : feu de bois, viande séchée rance, lait bouillant. Il y a un nouvel occupant dans le tipi, au visage en lame de couteau. C'est Bahirhou, un cousin de la famille, nous dit Enkhetuya. Bahirhou est en train de sculpter un morceau de bois de renne. Il lève la tête pour nous adresser un sourire, et retourne à son occupation. Le thé au lait coule dans les tasses. L'ambiance est gaie. Laetitia discute avec Enkhetuya et Doudgi, Badmaa me demande de lui faire réviser ses tables de multiplication... « Nick nicki, nick », « Une fois un, un ». Au moins, je saurai compter en mongol. Je ne sais pas ce que Laetitia raconte à nos hôtes mais on dirait qu'elle est adoptée.

Nous sortons. Tchimbaat, notre guide, s'en va. Pendant que Doudgi, Enkhetuya et moi déballons les sacs de provisions, Laetitia installe sa tente derrière le tipi. Elle a opté pour « l'indépendance ». Et elle fait bien parce que ma première nuit dans le tipi sera sans sommeil. Des amis de la famille vont passer « à l'improviste ». Ils vont boire et rire et discuter toute la nuit. *Back to Mongolia !*

14 août

Il y a un ruisseau à côté du tipi. Les petites cascades d'eau ont formé des cuvettes dans les rochers. Je m'installe devant une des baignoires d'eau glacée et j'enlève le haut. Puis le bas. Le froid me reconnecte à ce qui m'environne...

Deux mille trois cents mètres d'altitude. Ma nouvelle salle de bains est au centre d'un immense cirque couvert d'herbe, terrain idéal pour les rennes. La vue sur le lac est grandiose, aussi vaste et bleu foncé qu'un ciel liquide. L'énergie est là, dans la fraîcheur de cet air sec et dense. Dans l'odeur de crottin de renne et de cheval.

Petit déjeuner. Doudgi et Uurzaikh récupèrent les os rongés d'hier soir. Ils coupent les têtes à la hache et aspirent la moelle. Tu en veux un ? Oui, merci. L'apprentie tsaatane aspire la moelle figée.

Enkhetuya est en train de découper le tissu de mon futur costume avec d'énormes ciseaux. Après avoir pris mes mensurations elle trace avec ses mains des lignes invisibles sur le tissu marron, elle le coupe, le morceau découpé prend la forme d'un del, je tiens le tissu avec elle pour l'aider à le tendre... Elle dit que les neuf couleurs dans lesquelles elle va tailler le costume symbolisent les teintes des saisons. Neuf teintes pour quatre saisons ? Pas de réponse.

Elle me tend les ciseaux. Mon travail est de tailler quatre-vingt-dix-neuf petites bandes de trois centimètres de large dans chacune des neuf couleurs. Ces bandes, explique Enkhetuya, représentent les quatre-vingt-dix-neuf « cieux » du monde chamanique, c'est-à-dire tous les éléments de la nature : le vent, la pluie, la neige, l'hiver, l'été, le ciel, la terre, etc.

Ces quatre-vingt-dix-neuf cieux, animés par le *Burxan tenger*, se répartissent en trois mondes :

— le monde du ciel, animé par l'esprit du ciel, *Burxan tenger*

— le monde des rivières et des montagnes, animé par les esprits des rivières, les *Lus savdag*

— le monde de la terre, animé par les *Xangaï delxii*, les esprits de la terre.

J'ai mal à la main. Mes quatre-vingt-dix-neuf bandes seront cousues sur le costume par la mère et les filles d'Enkhetuya.

Doudgi verse du lait caillé dans la marmite. Une odeur acide se répand. On dirait qu'il va préparer du fromage. Il met des bûches dans le feu. Pas trop. Feu moyen. Le vent souffle, dehors. Il coule le long des parois du tipi pour venir mouiller mon dos. Je m'approche du poêle. Ça commence à bouillir. Doudgi touille avec une petite louche. Le liquide épaissit en jaunissant. Plus il épaissit, plus le son de la louche devient sourd et profond. Laetitia filme.

Dès que le fromage est cuit, Enkhetuya sort des gazes blanches d'un sac en peau, en me demandant d'approcher pour les lui tenir bien ouvertes. Avec la louche elle verse le fromage cuit dans la gaze. Un liquide blanc s'échappe par les trous. On remplit deux gazes, puis elle me fait signe de poser le tout sur une grosse planche. Ça sent l'aigre cuit. Enkhetuya pose une autre planche sur les gazes de fromage, et une énorme pierre sur la planche. Les deux fromages transpirent leur eau, se transformant en deux galettes de vingt centimètres de diamètre sur trois d'épaisseur. Ils devront sécher plusieurs jours...

Ce travail achevé, Enkhetuya nous offre une cigarette puis invite Laetitia à traduire ce qu'elle va me dire.

— Tu as rapporté la guimbarde que je t'avais confiée lors de notre dernière rencontre ?

— Oui.

— Tu en as joué comme je te l'avais demandé les neuvième, onzième et treizième jours du mois lunaire ?

— Oui.

— Je vais donc continuer l'enseignement...

Elle fait une pause. Fume en silence. Laetitia filme.

— Le chamanisme englobe tout. Les humains, les animaux, les rivières, les plantes. Il est capable d'éloigner les accidents, les mauvaises choses, il est capable d'attirer les bonnes.

« Ton rôle de chamane est d'être un lien entre le monde des esprits et le monde des humains. Pendant les cérémonies, les esprits ou *ongod*, vont se manifester à travers tes accessoires de chamane. Ces accessoires, qui s'appellent aussi ongod, sont *la guimbarde, le miroir, le talisman de vie*, qu'on place dans le tambour, *le roi aigle* et *l'enfant berger*. C'est en ayant tous ces accessoires que tu deviendras une vraie chamane. Tu devras alors apprendre comment parler avec les esprits. Tu devras apprendre les chants de chamarre, les *tamlag*. Il y en a cent un. En les récitant tu te mets sous la protection du Burxan tenger et des Lus Savdag. Alors l'ongod, l'esprit, vient. Et c'est comme une conversation entre deux personnes. C'est là que tu peux lui poser des questions. L'ongod apparaît souvent sous la forme d'animaux comme le loup, l'ours, l'oiseau... Il te dit : "La personne née telle année va avoir tel problème..." Le chamane est alors comme l'interprète de cette conversation ; il répète tout en détail aux gens qui assistent à la cérémonie. Il se peut que l'ongod soit sévère, qu'il veuille se venger de quelque chose qu'on lui a fait. Dans ce cas il faut le respecter comme un invité et lui dire "Asseyez-vous, mangez !" puis lui expliquer qu'on veut se faire pardonner en lui faisant des offrandes et en l'honorant. Alors il se calme, il mange les offrandes et finit par donner au chamane le rituel à suivre pour que les personnes assistant à la cérémonie obtiennent les "réparations" qu'elles sont venues chercher.

« L'ongod, l'esprit qui vient, était quelqu'un comme nous, un vivant. Il fumait, il buvait de la vodka, du thé, il mangeait les repas, des bonbons... Après sa mort il est devenu burxan, mais il aime toujours les mêmes choses. C'est la raison pour laquelle quand il vient, il faut continuer de lui offrir ce qu'il aimait. Après tu jettes une partie à *Xangaï*, la montagne sacrée, et tu manges le reste avec les gens. Ce reste devient un *buyan*, une vertu, un bienfait...

Enkhetuya ne m'a pas quittée des yeux en me racontant tout ça. Elle mesure la peur qui peu à peu me submerge. Peur de l'inconnu. Peur de ne pas être ce qu'on me dit que je suis. Peur de ne pas avoir le courage de l'assumer.

Sans dire un mot, je sors. Je vais dans l'herbe. Purger mes peurs. Et jouer avec l'air, tellement dense ici qu'on peut nager dedans pour faire des vagues.

2.

16 août

Bahirhou, le cousin, vient d'allumer le feu. Le thé commence à bouillir. Dans pas longtemps il va le remuer avec une grande louche plate et verser le lait de renne, de très haut, pour le faire mousser. J'adore ces rituels du quotidien. Ils m'ancrent dans la terre pour couper les racines de mes doutes. Peut-être que ces rythmes impliquent des pensées, des philosophies, des religions. Ou rien. Juste la beauté de vivre.

Bahirhou verse le thé dans deux grosses bouilloires en aluminium. Puis dans mon bol, tapissé de graisse de mouton figée. J'attends que les yeux de gras se forment à la surface du liquide. J'ai fini par les aimer. Par aimer tremper mon index dedans pour les réunir en un seul gros œil de cyclope. C'est curieux comme les gestes habillés du souvenir émeuvent toujours davantage. Badmaa, enfouie sous sa couverture, dort encore. Enkhetuya a la tête posée sur les genoux de Doudgi. Ils ont toujours des gestes très tendres entre eux.

Bahirhou enfile un del vert ceinturé de jaune et des bottes en cuir noir. Il se prépare à partir pour Tsagaan-Uur, un village à deux jours de cheval dans lequel il

116

doit rencontrer l'artisan devant fabriquer mon tambour. Je l'accompagne à l'extérieur du tipi. Il monte sur son cheval et disparaît en faisant résonner la terre de la musique qu'elle a en elle. Un peu comme le chamane fait résonner le tambour de la musique qu'il a en lui. Révélation d'une autre dimension. Le soleil glisse ses rayons dans les trous des nuages. Des taches de lumière apparaissent sur le lac.

« Hello ? » Je tourne la tête. Un Japonais ! « *Are you living here ?* » articule-t-il en opinant de la tête avec un sourire plissé. J'avais oublié que le monde entier défilait dans le tipi pour voir les rennes et la famille tsaatane : Pékin, Tokyo, New York, Los Angeles, Milan, Hong Kong...

Peu savent que Enkhetuya est chamane. Pour éviter les avalanches de questions, Laetitia et moi avons décidé d'adopter l'incognito quant à la véritable raison de notre présence ici. Nous disons que Laetitia est là en tant qu'anthropologue et que je fais un reportage pour la BBC...

Les visites terminées, Enkhetuya se met à fabriquer deux poupées en lanières de tissu.

— C'est quoi ?

— Ce sont deux de tes ongod. Ils sont le support symbolique dans lequel les esprits vont se manifester. Je vais en attacher un à ta guimbarde, parce que l'esprit de la guimbarde est le premier qui se manifestera à toi lors des cérémonies. Si un autre esprit arrive il entrera dans le deuxième ongod que je suis en train de te fabriquer. Cet ongod deviendra alors ton talisman de vie, l'*amin saxius*, ou esprit protecteur. Il faudra l'attacher dans le tambour. Avec le miroir et la guimbarde tu auras au total trois ongod lors de la prochaine cérémonie.

— Mais où est le miroir ?

Elle sort d'un sac un disque de cuivre poli.

— Il y a longtemps, ce miroir appartenait à un chamane qui l'utilisait comme moi, pour la divination. Tu devras l'utiliser aussi. La personne venue te voir devra appuyer son majeur au milieu de ce miroir et alors tu pourras voir des choses pour elle. Tu pourras lui révéler son avenir.

Enkhetuya me fait nouer un ruban blanc dans l'anneau placé au dos du miroir puis, autour de ce ruban, trois rubans de chacune des neuf couleurs symbolisant les quatre-vingt-dix-neuf cieux.

Une fois tous les rubans noués elle enflamme une branche de genévrier pour purifier le miroir. Très doucement elle lui parle. Comme pour lui donner son souffle, le mouvement qui le rendra vivant :

> « *Toi, Burxan tenger,*
> *Éloigne les malheurs !*
> *Dès aujourd'hui, appelle le bonheur !*
> *Éloigne le malheur des gens !*
> *Corine vient vous voir pour la deuxième fois ;*
> *Dès aujourd'hui, cette étrangère doit devenir la messagère pour les gens,*
> *Elle doit leur dire leurs bonheurs*
> *Et leurs malheurs.*
> *Vous, le Ciel, vous devez l'aider dans cette tâche, pour éloigner les malheurs et faire en sorte que les gens soient heureux et en bonne santé, qu'ils vivent longtemps !*
> *Oh, mon Burxan tenger !*

Corine n'est pas mongole, mais le miroir est celui utilisé par les Mongols,
Donne-lui ton pouvoir ! »

Enkhetuya se tourne vers moi. Laetitia filme et traduit à la fois. Je me demande comment elle arrive à faire ça...

— C'est de cette façon qu'on anime le miroir. Maintenant, des particules d'ongod et de tenger sont entrées à l'intérieur. Dans trois ans tu seras une bonne chamane. Mais tu devras toujours faire en sorte que seuls les esprits gentils entrent et discutent avec toi. Les esprits méchants existent. Tu devras les éviter et ne pas te laisser influencer par ce qu'ils te diront. Ils peuvent apparaître sous forme d'animaux comme des ours, des corbeaux, des chèvres sauvages... Lorsque tu es en transe, ton corps est sans conscience. C'est pourquoi tu ne ressens plus la douleur, les odeurs, le froid, le chaud et tu n'as plus conscience du danger. En fait, ta conscience s'en va pour aller discuter avec les esprits. Bien sûr, au début on a peur, sans la conscience dans le corps. Moi je me souviens qu'au début j'avais très peur. Mon maître me disait que j'allais rencontrer des démons. Mais dès que j'ai commencé à chamaniser, plus rien n'était effrayant et j'ai pris l'habitude de communiquer avec les esprits gentils. Pas les méchants. C'est difficile d'être chamane. On donne beaucoup d'énergie et on perd des années de vie...

Badmaa me tire par la manche. Je regarde Enkhetuya. La leçon est terminée ? Oui de la tête. Il était temps parce que j'en avais assez d'entendre toutes ces menaces peser sur mon avenir. Badmaa a un jeu de cartes en main. Elle distribue, puis pose des cartes sur le tapis. Le jeu est apparemment de recouvrir ces cartes avec d'autres cartes mais elle a déjà gagné toutes mes cartes lorsque enfin je comprends la règle du jeu. Elle rit. Je l'aime bien cette petite boule d'énergie qui me tire par les manches. Elle passe sa journée à cheval, pommettes rouges allumées. Comme un rayon de steppe.

La nuit tombe. Doudgi rassemble les rennes pour les attacher aux petits pieux enfoncés dans le sol derrière le tipi. Un renne par pieu. On doit aussi les traire. Comme Enkhetuya est fatiguée et que Laetitia n'aime pas traire, c'est Badmaa, Doudgi et moi qui faisons le boulot. Mes doigts retrouvent les ventres doux. On dirait que j'ai fait des progrès ! Mon coach Badmaa est même étonnée de la quantité de lait que j'arrive à traire...

18 août

Doudgi est en plongée sous la toile du tipi, avec une bûche à la main. Enkhetuya crie dans le coin opposé en me faisant des oreilles de souris avec ses doigts. D'après sa gestuelle la souris a passé la nuit à courir sur son corps. Si elle est passée sur son corps elle est forcément passée sur le mien. Elle est là ! Il y en a deux ! Pan. Une de morte. Doudgi la prend par la queue et la jette un peu plus loin. Pan, pan. La bûche écrase la deuxième petite souris...

Décompression générale. Enkhetuya vérifie l'état des sacs de provisions. Tout a l'air bien. D'un sac en peau, elle sort un del bleu roi bordé de fils d'argent, qu'elle me tend en me faisant signe de l'essayer. Bien, chef. Il est exactement à ma taille ! Elle me confectionne maintenant une ceinture orange avec un khadag, l'écharpe de soie sur laquelle on donne les offrandes. Je la mets autour de ma taille. Regard satisfait d'Enkhetuya. C'est pour moi le del ? *Tim*, oui ! Ce qui a pour effet immédiat de me faire sauter dans ses bras. Je l'embrasse. Elle rit. Je fais un tour d'honneur du tipi sous les acclamations de Doudgi, de Badmaa et de Laetitia qui vient d'entrer.

— Regarde ! me dit Laetitia, son doigt pointé vers le tambour.

Pic d'adrénaline. Le tambour est accroché au-dessus du poêle, ce qui annonce une cérémonie pour ce soir...

Enkhetuya me demande de lui donner ma guimbarde.

— Je vais animer cette guimbarde. Une fois ce rituel accompli, tu pourras commencer à chamaniser avec elle. Les ongod burxan lui auront donné ses pouvoirs.

« ... Mes quatre-vingt-dix-neuf cieux, Cieux de Père et de Mère, aujourd'hui je te lègue à une étrangère, même si elle n'est pas de notre descendance tu devras l'accompagner... »

— Dès aujourd'hui, en te remettant cette guimbarde, je fais de toi une *yavgan böö*, une chamane à pied, premier niveau du chamanisme. Ton ongod est celui de la guimbarde, le *Xuur ongod*. Personne d'autre que toi ne pourra l'utiliser. Jouer d'une guimbarde qui n'est pas à soi donne mal à la tête !

Uurzaikh entre en trombe dans le tipi, s'affale par terre comme s'il venait mourir là, se relève en riant, se sert un bol de thé, pousse le bouton de l'appareil à cassettes qui en vomit la musique de *Titanic*, nous montre sa moustache naissante, petit homme, puis disparaît aussi sec en hurlant aux rennes, à la montagne et à je ne sais quoi. Uurzaikh n'est pas un humain. Uurzaikh est un esprit...

Enkhetuya, imperturbable, arrête la musique puis revient à ce qu'elle était en train de me dire.

— Ce soir tu devras t'installer à côté de moi avec ta guimbarde et jouer pour appeler tes esprits. C'est là qu'on va voir si les esprits viennent ou pas. L'année dernière, l'ongod qui est venu te voir était un de tes ancêtres. Un chamane. Le premier de la lignée. Tu es donc le deuxième chamane de la lignée. D'après moi, cette année tu vas être en communication avec trois ongod : celui de la guimbarde, le *xuur ongod*, celui qui est responsable de ta vie, ton talisman de vie, le *saxius ongod* et celui du miroir, le *tol' ongod*.

Elle ajoute que c'est l'ongod de la guimbarde, qui devrait ce soir entrer en contact avec moi pour m'enseigner. Elle ne pourra pas intervenir. C'est cet esprit, pas elle, qui va m'apprendre à maîtriser la transe, à savoir me diriger dans ces mondes et à savoir arrêter la transe quand il l'a décidé.

— Et à quel moment de la cérémonie je dois commencer à jouer de la guimbarde ?

— Les esprits t'enseigneront...

— Les esprits ? Je dois me contenter de cette réponse ?

Mine désolée de Laetitia. La réponse est oui.

Enkhetuya accroche alors un « serpent » à ma guimbarde, un cordon tissé avec des poils de renne.

— Ce serpent symbolique est le « moyen de transport » de l'esprit de la guimbarde. C'est un esprit mâle, de couleur marron tacheté. Le serpent est le maître des Lus, les esprits aquatiques.

Elle met ensuite une vertèbre de poisson dans l'ongod qui représente mon talisman de vie.

— Cette vertèbre symbolise les esprits des rivières et des montagnes. Comme tu dois t'adresser à eux, il faut qu'ils soient représentés !

Doudgi prépare le dîner. Je suis fatiguée. Ou inquiète, je ne sais pas. Je fume ma pipe. La magique que j'ai fabriquée en Amazonie. La fumée me calme. Je me demande dans quelle dimension va m'emmener la transe, devant quelles portes elle va me laisser. Est-ce que je vais franchir la porte du son ? Est-ce que je vais arriver à revenir si jamais je la franchis ? La psychonaute a peur. Mais la psychonaute est curieuse. Elle veut avoir des réponses. Drôle de mélange, que la vie. Résultat, j'ai mal au ventre.

Enkhetuya installe un mini-autel pour moi. C'est la première fois que je vais en avoir un. Ça consiste à suspendre mes ongod et un khadag bleu sur une corde tendue entre deux montants du tipi. Ma cabane à esprits est construite en trois minutes. Enkhetuya me fait signe d'y mettre les offrandes. Je dépose une bouteille de vodka, des bonbons et des cigarettes. En espérant que ça leur plaira...

La nuit est tombée. La cérémonie va commencer. Des Mongols entrent dans le tipi, donnant les offrandes à Enkhetuya qui les porte à son front avant de les déposer sur son autel. Tout le monde s'installe, environ vingt personnes. Laetitia fait installer deux bougies supplémentaires pour pouvoir filmer. Ce qui fait trois bougies au total. Sobre.

Badmaa commence à enflammer des branches de genévrier. Avec cet air sérieux que seuls les enfants sont capables de prendre. Je mets mon del bleu. Doudgi passe le costume de chamane dans la fumée d'encens.

Enkhetuya est assise devant son autel. Je vais m'asseoir à côté d'elle, devant le mien, guimbarde en main, prête à jouer « quand les esprits me le diront... ». Qu'est-ce que ça veut dire ? J'ai du mal à accepter cette incertitude. Sans doute parce qu'elle me met face à mes limites. Moi qui suis habituée aux livres, aux cours, aux structures logiques et rationnelles, je suis déstabilisée. Arrachée au confort des cadres que mon éducation occidentale a dessinés jour après jour dans mon « intellect ». Qui s'affole. J'ai peur. De ce que je ne connais pas. J'ai peur. De sortir du cadre. J'ai peur. De découvrir une autre réalité. De devoir remettre en question ce qui me rassure. Pour avancer vers toi. C'est peut-être ça aimer. Être capable de tout remettre en question.

Doudgi enfile son costume à Enkhetuya pendant qu'Uurzaikh lui met les bottes et le chapeau. Les franges cachent son visage. Voilà. Elle est maintenant ce messager sans visage, sans ego, qui va devoir traverser ses limites pour trouver les réponses. Elle est impressionnante. D'assumer ce qu'elle est. De dépasser ses peurs. Sans état d'âme. Moi j'ai le trac. De devenir ce que je suis. C'est mon ego qui pleure. Il se défend. En faisant battre mon cœur. De trouille. Qu'est-ce que « je » risque, au fond, à part découvrir ce que je suis ? C'est ça qui te fait si peur, mon ego ? Tu sais qu'accepter ce que « je » suis, c'est te faire exploser ! Je ris. Comme chaque fois que tu as peur. Je te vois tout petit, tout vert de trouille dans un coin. Le tambour frappe. Le voilà animé. Et moi avec lui. C'est parti. Je joue de la guimbarde. Je m'accroche à la guimbarde. Le tremblement se propage. Main droite. Toujours les mains en premier. Tremble. Frappe. La guimbarde tombe. Main gauche. Bras gauche. Ça monte. Ça court.

Besoin de frapper le sol. Main vole. Corps vole. Connexion. Au son. Il m'emporte. Une fois de plus. Connexion. Aux énergies qui s'emparent de moi. Qui ne sais plus les maîtriser. Frapper. Taper. Crier. Jusqu'où ? Trop loin. Je suis fatiguée. Tellement fatiguée. Là. Et ailleurs. Le corps de « Je » n'obéit plus à ma raison. Déconnectée. Qu'est devenu « je » ? Qui est « je » ? Où est « je » ? « Je » a lâché sa raison pour suivre une autre énergie. Pour quoi faire ? Franchir la porte du son ? Je ne vois rien. Rien. M'enfoncer dans le tambour. Plus fort. Plus loin. Impossible de passer. La porte. Je la sens. Elle est là. Au fond du son du tambour. Comme un mur qu'on ne traverse qu'en devenant rien. « Je » est trop fort. Encore. C'est lui que mon corps frappe. Sculpte. Pour le faire entrer dans sa juste dimension. Pas d'image. Des pulsations. Des pulsions. Loin. Profond. Souffler. Se reposer. Impossible. Pas fini. Plus loin. L'énergie me pousse plus loin. Retrousser les babines. Renifler. Pas une odeur. Autre chose. Mais renifler. Une présence ? Pas bonne. Cracher. Grogner. Souffler. Où est le son ? Plus de tambour. Revenir. « Je » doit revenir. Retrouver la maîtrise de ce corps. Chasser le loup qui s'est coulé en lui. Essuyer l'énergie. Balayer l'énergie. Effacer le loup. Les babines. Les tirer vers le bas. C'est moi. Pas le loup. Moi. C'est à moi ce corps. La guimbarde m'appelle. « Je » doit rentrer. Retrouver le contrôle. On me parle. « J'arrive... », répond « je », comme un écho entre lui et son corps. Comme un habit mal ajusté. Atterrissage. Une cigarette arrive dans ma bouche. « Corine ? Tu es là ? » La fumée. Faire bouger mes lèvres. Tenir la cigarette avec mes mains. Reprendre le contrôle des gestes que « je » décide. Voilà. Ma main tient la cigarette. Reprise du contrôle. C'est bon de rentrer chez soi. Inspiration. Je suis déçue. Je n'ai pas été capable de franchir la porte. On me touche l'épaule. « Ho, hé, Corine ? Tu es là ? » Je regarde Laetitia. Elle flippe. Je souris. « Oui, je suis là. » Soupir. Elle me tend un bol de thé. Elle sourit. Je bois.

Laetitia me dit que sans élan, genoux au sol, j'ai réussi à décoller de trente centimètres. Elle commence à comprendre ce que je subis ! Et puis elle me raconte mes grimaces de loup, son inquiétude de me voir sous l'emprise d'une telle énergie, sa peur que je ne revienne pas...

D'après Enkhetuya, il est temps que j'aie mon tambour et mon costume. Ils doivent me protéger, m'aider à maîtriser la transe, à l'utiliser pour aller plus loin. Elle ajoute qu'un esprit est venu me voir ce soir. Je n'ai rien vu. Comme d'hab. Je suis juste épuisée. Mais souple. Incroyablement souple et détendue. Un peu comme si cette énergie m'avait fait faire les gestes nécessaires aux déblocages de tous les nœuds qui m'empêchaient d'avancer. D'avancer vers quoi ? Vers la porte ? C'est peut-être parce que j'étais trop « lourde » que je n'ai pas pu la franchir.

— Qu'est-ce que tu ressens dans cet état ? me demande Laetitia.

Silence. Comment décrire ce besoin de frapper, de faire des mouvements avec la certitude que ces mouvements sont nécessaires à je ne sais pas encore quoi, mais nécessaires ? Plus faim, plus froid, plus chaud, plus soif, plus de temps, plus rien, sinon ce besoin de faire les gestes que *je ne sais pas quoi* me pousse à faire. Sourire.

— Il n'y a qu'un moment dans la vie « normale »

126

qui peut peut-être, mais de loin, ressembler à cet état. Un moment précis où le corps lâche également la raison pour répondre à une autre énergie...

— ...

— C'est le moment qui précède un orgasme.

3.

18 au 20 août

Extérieur : Gris. Tempêtes hors d'un crâne.
Intérieur (de moi) : Idem...

Tempête n° 1 : Mauvaise nuit à cause d'une tempête de vent. Ça a fait un bruit infernal. Doudgi s'est levé toute la nuit pour vérifier les amarres du tipi. On ne s'est pas envolés.

Tempête n° 2 : Enkhetuya et Doudgi s'en vont en nous confiant Badmaa, les rennes, le tipi et les touristes. Ils doivent en effet aller jusqu'au lac pour confier les « finitions » de mon costume à Norjmaa, leur fille, et se rendre dans une famille où Enkhetuya est attendue pour « chamaniser ». La personne ayant commandé la cérémonie n'est pas en état de se déplacer, c'est donc Enkhetuya qui se déplace. Le chamane peut ainsi aller de ger en ger, au gré des demandes, pendant toute la « saison » chamanique, de mai à octobre en Mongolie.

Au moment du départ, à défaut des clefs du tipi, Enkhetuya nous donne les consignes commerciales, soit trois mille tögrög la photo des rennes ou du tipi et cinq mille la vidéo. Le vent souffle toujours fort, avec des rafales de pluie. Postées devant le tipi, les épaules lourdes, nous faisons au revoir avec les mains. La silhouette de nos amis à cheval disparaît dans la pente. Silence dans nos voix. C'est pas pareil sans eux.

Badmaa a l'air inquiet. Elle dit sans cesse : « Tsaa, tsaa ! » Les rennes ? Ils vont bien les rennes, on vient de les voir. Nous buvons un café. « Tsaa ! » Badmaa me tire par la manche. Bon d'accord on y va. En tout cas je me sens toujours aussi souple ce matin. Pas bloquée. Ce qui tombe très bien vu ce qui m'attend...

Une fois dehors Badmaa me conduit jusqu'à un cheval. Tu veux que je monte dessus ? Signe affirmatif. Mais il n'a pas de selle ! Je regarde Laetitia. Tu veux monter ? Refus catégorique. Je regarde Badmaa. Pourquoi tu montes pas toi ? Elle me fait comprendre que c'est à moi de monter. Pas le choix. Agrippée aux poils du dos de la pauvre bête, j'envoie une jambe en l'air, la droite. Raté. Trop haut pour moi. Badmaa rigole. Laetitia aussi. Bon. Je tire le cheval pour l'amener à côté d'un des petits pieux qui servent à attacher les rennes. Ces vingt centimètres devraient me permettre d'accomplir ma présente mission. Je monte sur le pieu. Hop. Et voilà. Du haut de mon destrier je toise celles qui se moquaient de moi. J'invite Badmaa à monter. Elle accepte ! J'attrape son bras gauche et la voilà dans mon dos. Poids plume qui vole. « Tchou ! » le cheval avance. Nous voilà parties. « Tchou, tchou ! » le petit asticot derrière moi talonne les flancs du cheval. Petit trot. Badmaa doit sentir mon corps se crisper parce qu'elle rigole. Je n'avais pas remarqué que le terrain était aussi accidenté. Il y a plein de trous sous l'herbe. Et puis ça descend. Je m'accroche à la crinière. Sans pouvoir serrer les fesses vu que la colonne vertébrale du cheval se trouve entre elles. Badmaa rit tellement qu'elle me tombe dessus. Mais tiens-toi ! Trop tard. Sur un pas de trot me voilà sur le cou du cheval. Qui baisse la tête pour me faire un joli toboggan. Ziiip. Je suis dans l'herbe, sous les éclats de rire de Badmaa, de Laetitia et du cheval. Je me relève, les fesses vertes mais indemnes, en hurlant à Badmaa de continuer toute seule. Il est hors de question que je remonte sur ce truc glissant. Je préfère marcher. Les rennes sont un peu plus bas. On les ramène autour du tipi, sans pouvoir les attacher parce qu'ils ont besoin de beaucoup d'espace et d'herbe pour se nourrir. On passe donc la journée à leur courir derrière. Ramener, rassembler, ramener, rassembler. Le bagne.

Tempête n° 3 : Des touristes arrivent. Des Français. Et que découvrent-ils dans un tipi de Tsaatanes, au bout du monde, après un voyage sans fin et des heures de marche ? Deux Françaises fatiguées flanquées d'une petite fille qui flippe d'avoir deux cataplasmes en guise d'autorité maternelle. Ça nous vaut des « Vous jouez aux Tsaatanes ? » ironiques et des reproches indignés quand, en plus, on leur réclame les trois mille tögrög syndicaux pour les photos.

Surviennent six touristes japonais, des médecins et hommes d'affaires venus se ressourcer à la campagne au milieu des rennes et des éleveurs de rennes. Ils se mettent à rire en nous découvrant. Ils tiennent un scoop. Ils demandent même à Laetitia de les accompagner au milieu des rennes, parce qu'ils en ont peur. C'est moi qui prends les photos-souvenirs...

Tempête n° 4 : De retour de mon « tour » de course aux rennes, j'entends des éclats de voix dans le tipi. J'entre. Un Mongol en uniforme kaki est en train de hurler des trucs à Laetitia et à Badmaa. Elles baissent les yeux. Le type ne me regarde même pas. Il continue de hurler. Le trio baisse les oreilles. Sa tirade terminée, il sort. Ici au moins on ne peut pas claquer la porte. Je tourne mes points d'interrogation vers Laetitia. Blanche. C'était un garde forestier, me dit-elle. Des touristes se sont plaints. Le garde était furieux : « Qui es-tu pour demander de l'argent ! Tu n'es qu'une étrangère... » Il a dit qu'il allait revenir. Moral des troupes à la température de l'hiver mongol. Badmaa se met à pleurer. Traumatisée par la sortie de ce type, elle veut partir toute seule à cheval pour rejoindre sa mère. Il faut la calmer, la rassurer, lui rappeler qu'elle doit s'occuper des rennes...

La nuit tombe. Au moment où enfin j'attache les rennes en me disant que la cuillère n'est pas assez grande pour me ramasser, Badmaa se met à hurler. Décharge d'adrénaline. Jusqu'à ce que je réalise que c'est un cri de joie. Uurzaikh et deux copains sont en train d'arriver. Grand soulagement des filles.

En entrant dans le tipi ils voient que le lait du thé a tourné, qu'il n'y a plus de bois coupé, que le poêle est éteint...

Badmaa retrouve le sourire et l'insouciance de son âge. Dix ans. Elle aide son grand frère à préparer le thé, un des garçons va couper du bois, je vais l'aider. À la hache. Super-dur. L'autre allume le feu et commence à cuisiner la viande. Le tipi revit. Moi aussi. Je réalise à quel point je ne supporte plus les responsabilités depuis que tu n'es plus là. Impossible de me sentir attachée à quoi que ce soit. J'ai besoin d'être libre, légère, sans attaches. Difficile d'aimer dans ces conditions. Et de se laisser aimer. Badmaa me tire par la manche. C'est la tombée de la nuit. Il est temps d'aller traire les rennes, dernier travail d'une journée de Tsaatane.

Tempête sous un crâne : Minuit. Laetitia est dans sa tente, Badmaa est couchée, j'écoute la conversation des trois garçons. Musique intime entrecoupée de rires. Je ne comprends rien mais je suis certaine qu'ils se racontent des trucs de garçons. Des trucs qu'on ne partage pas avec les filles. Et je râle. Parce que j'ai toujours voulu savoir ce que les garçons pouvaient bien se raconter entre eux...

21 août

Enhketuya est de retour, avec Norjmaa et d'autres Mongols. Et Doudgi ? Doudgi a trop bu hier soir. Il cuve. Enkhetuya a l'air fatigué. Elle dit qu'une des personnes présentes à sa dernière cérémonie était « mauvaise ».

— Il y a des gens qui ont beaucoup de *bartsad*, de souffrance, en eux, parce qu'ils ont assassiné ou fait des commérages ou fait du mal. C'est négatif pour le chamane. Dans trois ans, lorsque tu pourras commencer à faire des *zasal*, des réparations, tu devras éviter d'aider ces mauvaises personnes. Elles vont repartir soulagées mais toi tu vas garder leur souffrance. C'est dangereux pour toi. Pour ta vie. Tu devras donc commencer par aider tes amis et tes proches. Chaque année tu deviendras plus forte. Alors seulement tu pourras t'occuper des autres. Mais n'oublie jamais qu'il faut le faire pour le bonheur, pour appeler un mari, une femme...

— Je pourrai faire en sorte que des gens tombent amoureux l'un de l'autre, ou de moi ?

— Non ! rit Enkhetuya. Ou plutôt oui, tu auras le pouvoir de le faire mais tu ne devras pas t'en servir ! C'est de la mauvaise magie. Quand je dis appeler un mari ou une femme, ça veut dire demander aux esprits qu'ils trouvent la personne pour toi. Pas que tu obliges quelqu'un à tomber amoureux de toi ! Il faut tout faire en pensant au bien. Chamaniser pour se venger, manipuler ou imposer un pouvoir, conduit à perdre des années de vie...

Il fait très froid. Toute la nuit j'ai la chair de poule. Impossible de dormir. Je pense. À ce que peut bien vouloir dire Enkhetuya par *les esprits t'enseigneront*, à ce que peut bien vouloir dire la transe, lorsque mes mains chassent les énergies de mon corps, lorsque j'ai l'impression qu'elles « savent » ce qu'elles font, sans que ma raison les dirige. J'ai l'impression qu'elles obéissent à une énergie plus forte que mon mental. C'est très étrange cette notion de savoir qu'on sait ce qu'on fait, sans savoir comment on le sait. En tout cas, la transe me fait découvrir qu'on peut être connecté à une sorte d'énergie, à une sorte d'intelligence « perceptive » qui ne fait pas intervenir mon mental mais qui, au contraire, me montre les limites de ce mental. Peut-être qu'on sait beaucoup plus de choses qu'on ne pense. Qu'on vit en mode « enregistrement » et qu'on reçoit en permanence des sortes d'ultra- ou infra-informations que la dimension surdimensionnée du mental occidental nous empêche de voir. La transe aurait donc pour effet, grâce à l'état hyper-perceptif dans lequel elle me plonge, de me reconnecter à cette connaissance et à celle des énergies qui m'entourent. C'est peut-être ça, le monde des esprits. Et *les esprits t'enseigneront* voudrait tout simplement dire : « Reconnecte-toi à cette connaissance et les réponses viendront... » Mais comment, dans un état « normal », peut-on rééquilibrer mental et perceptif ? Est-ce que ça veut dire réapprendre à observer, à ressentir, à vivre l'instant ? Est-ce qu'on peut développer cette « perceptivité » comme on développe la mémoire ?

Le jour se lève. Enkhetuya aussi. En se tenant le ventre. Elle semble avoir mal. Tout le monde dort encore. Doudgi n'est pas rentré. J'allume le feu. Enkhetuya mouille une serviette, la badigeonne de graisse de yak, la met à chauffer devant le feu et l'applique sur son bas-ventre et sur la région des reins. Ce qu'elle décrit ressemble à une infection urinaire. Elle se recouche en me faisant signe de réveiller Badmaa et d'aller traire les rennes.

Bahirhou arrive ! Avec Erdenbaat, son fils de douze ans, tout maigre. Il n'a pas mon tambour. Il paraît que l'artisan qui devait le fabriquer n'était pas là. Bon. Et il sera prêt quand ? Pas de réponse. Et mon costume ? Pas de réponse. Et quand aura lieu mon initiation ? « Quand ton costume et ton tambour seront prêts... » Ben voyons. Je dois finir par faire entrer dans ma tête d'Occidentale qu'ici tout se fait au jour le jour, chaque problème après l'autre, et que parler du futur alors qu'on est dans le présent est un vilain défaut.

Le sol vibre. Je sors du tipi. Le troupeau de chevaux

arrive au galop. Et les rennes aussi ! Magique. Uurzaikh arrive derrière eux. C'est lui qui les a ramenés. Une fois toutes les bêtes réunies autour du tipi, il saute de son cheval pour disposer une longue ligne de gros sel sur le sol. La vingtaine de chevaux se place de part et d'autre de cette ligne. Comme une haie d'honneur aussi rectiligne que la ligne de sel. Sauf les queues qui fouettent. Pom-pom girls.

Les rennes attendent que les chevaux aient terminé de lécher le sel pour se placer à leur tour le long de la ligne blanche. Je donne le fond d'un bol de sel à un bébé renne. Il a une fourrure marron et des petits bois recouverts de duvet gris. Il lèche le bol, il lèche ma main. Il lèche mon bras. Sa fourrure est hyper-douce et chaude. Bouffée de joie. Simple. Comme la vie ici. J'ai l'impression que la priorité d'Enkhetuya vis-à-vis de mon enseignement est avant tout de me reconnecter à cet essentiel. À la vie dans la terre. Celle où on n'a pas le choix, ni le temps, de se lamenter sur son sort. Première initiation. Sans laquelle aucun chemin ne s'ouvre...

23 août

Un rayon de soleil vient frapper mon œil. Tout le monde dort. Je sors. Sans chaussures. J'ai la flemme de les mettre. L'herbe froide et les pierres massent mes pieds nus. Plein de sensations pénètrent ma peau, comme des pavés qu'on jetterait dans une mer de joie pour la mettre en mouvement. Et puis la joie redevient plate. Mais elle est toujours là, prête à se mettre en mouvement. Comme les autres émotions. C'est peut-être ça, être vivant. C'est accepter de ne pas rester plat.

C'est accepter de vivre toutes les émotions. Pour apprendre à les dépasser. J'arrive près d'un rocher qui a la forme d'un taureau couché. Tout gris. Je grimpe sur son dos. J'ai encore les cuisses bleues de la dernière transe. C'est quand même incroyable que je ne ressente pas la douleur pendant la transe. Ou si peu. Comme si l'info, la douleur, était reçue, mais pas interprétée par le cerveau. Pas amplifiée. À part sa valeur intrinsèque, mon mental aurait donc le pouvoir de plus ou moins ressentir la douleur. Je commence à comprendre ce que voulait me dire notre ami après ta mort : « Tu es responsable de ta souffrance. À toi de trouver sa juste mesure. À toi de ne pas en rajouter... » Ça m'avait beaucoup choquée à l'époque. J'ai faim. Signe de la fuite. J'ai faim chaque fois que je m'approche de moi. Et que je ne vois qu'une masse de questions. Je dois retrouver l'énergie à laquelle je me connecte pendant la transe. Celle qui me dit ce que doit faire mon corps pour retrouver l'équilibre. Je sais qu'elle existe, maintenant. Une porte a été ouverte. Il faut redécouvrir le passage. Sans la transe. Sans le tambour. Peut-être qu'alors j'arriverai à passer la porte du son. Je suis certaine que c'était déjà cette énergie qui m'a poussée à aller sur la montagne, l'année dernière. La montagne au sommet de laquelle j'ai ressenti ta présence avec celle du vieux monsieur. Je dois y retourner. C'est elle qui va m'aider. Elle qui est en train d'envoyer un caillou dans la flaque de mes certitudes. J'ai faim.

Des chocolats mongols trônent dans l'assiette de bienvenue réservée aux passants. J'en mange trois. Ils ont un goût chimique au parfum d'alcool. Je grimace. Enkhetuya sourit, elle est en train d'éplucher des oignons. Je prends un couteau pour l'aider, lorsque la tête penaude de Doudgi apparaît dans l'entrée du tipi.

Il est de retour ! Pour se faire engueuler. Pas commode, la chamane. Il paraît qu'il est allé jusqu'à vendre sa polaire pour acheter plus de vodka. Enkhetuya lui fait signe de faire chauffer la soupe d'hier, d'en remplir un bol et d'aller la manger dehors...

Une journaliste arrive. De Californie. Elle est en voyage de noces. Un beau blond à mâchoire carrée l'accompagne. Questions habituelles. Pourquoi vivez-vous ici ? Je raconte. Elle veut écrire un article sur mon expérience. « So exciiiting. » Moi pas excitée. Je continue d'éplucher les oignons, puis je vais voir Doudgi, qui ne marche décidément pas droit. Il a dû ingurgiter une sacrée dose de vodka. Comme il est « interdit de tipi » jusqu'à nouvel ordre, il tourne autour, à la recherche de tâches qu'il est le seul à pouvoir accomplir. Il arrive donc avec un rondin qu'il place à l'entrée du tipi entre deux petits pieux enfoncés dans le sol. Grâce à ça, le vent ne pourra plus passer sous la toile de la porte. Son installation terminée, il regarde Enkhetuya genre « tu vois, je sers encore à quelque chose ! ». Enkhetuya ne le regarde même pas. La punition n'est pas encore terminée, mais petit à petit, en prouvant l'indispensabilité de sa présence, il regagne sa place d'honneur au sein de la famille.

Les nuages s'accumulent. J'ai froid. Hors de ma routine. La routine est comme les chaussures. Elle m'isole du danger. Elle m'empêche de découvrir mes limites. Apprendre à oser vivre sans protections est peut-être la raison de ce qui m'est imposé aujourd'hui. C'est la nécessité de te retrouver qui m'a fait « dérailler » de ma routine. Pour faire exploser mes limites et enfin accepter d'aller là où je dois aller. Comme ce ruisseau, dont l'eau coule vers un point d'équilibre qu'elle doit rejoindre par n'importe quel moyen. Il n'y a pas de hasard là-dedans. Dans la mesure où c'est la forme du terrain qui détermine son chemin. La forme du mien qui révèle mon avenir. Aller. Retour. Action. Réaction. Tout tend vers ce point d'équilibre. Tout ce qui m'arrive n'est ni bien, ni mal, juste la remise en équilibre des forces qui ont pu m'éloigner de cet équilibre.

Il fait nuit. Une tempête de vent fait claquer la toile du tipi. On se couche. Enkhetuya m'installe à côté d'elle. Doudgi est toujours puni, relégué à ses pieds. À part le vent qui fait siffler le poêle, tout est calme. Jusqu'à ce que quelqu'un pète. Tout le monde rit. Enkhetuya dit : « Ochkonoc ! » Je répète : « Ochkonoc ? » Le tipi se tord de rire. Même avant une tempête. C'est ça, vivre l'instant.

Ça veut dire quoi, « ochkonoc » ?

4.

24 août

Extérieur (de moi) : Craquelures.
Intérieur (de moi) : « Do the chicken twist... »

Le son de la radio me réveille. Doudgi cherche une fréquence, qu'il ne peut pas capter vu notre situation géographique. Horrible. L'œil agacé, je sors la tête de mon sac de couchage. Regard au sommet du tipi. Ciel bleu ! Et où est passée la tempête ? Dans mes oreilles. Doudgi s'obstine sur sa radio. Les autres dorment. Je sors.

Le ciel est encore plus grand que d'habitude. Bleu foncé. L'herbe scintille, le lac scintille et fait scintiller les montagnes dont il mouille les pieds. L'énergie du jour est la pureté. Incroyable pureté. Entretenue par le vent glacé qui glisse sur les pentes du cirque. Je remonte le long du ruisseau. Je me cale contre un rocher. Le soleil chauffe. J'entends l'eau plonger dans les bassines de pierre. Elle est gaie. Elle ne refuse pas de couler. C'est toujours cette phrase qui glougloute dans mon oreille. On n'arrête pas un mouvement. On n'arrête pas la douleur quand elle est déjà en train de couler. Il reste à l'accepter, à la laisser vivre pour que son énergie s'épuise et qu'elle retourne à son point d'équilibre. Seule condition pour que sa surface redevienne plate. Comme l'eau du lac. Accepter quelque chose d'inévitable c'est ne plus le subir. C'est devenir libre. Trois ans que je cherche à comprendre ça. Trois ans que je souffre. De ne pas accepter ton absence. De déchaîner des tempêtes sur ma mer de tristesse. Est-ce qu'aujourd'hui je vais enfin accepter qu'elle redevienne plate ? Tout ce qui m'entoure ne me parle que d'équilibre. Est-ce que ça veut dire que le moment de le retrouver est arrivé ? Quant à la douleur, la transe vient de m'apprendre que lorsque « je » était ailleurs, elle n'existait presque plus. Juste pour sa valeur intrinsèque et pas sa valeur « ajoutée ». À moi de trouver le mode d'emploi maintenant. Finalement c'est toujours l'ego qui souffre. Qui en rajoute. La douleur sans lui « fait moins mal ». À étudier.

Je marche. Parce que ma tête est fatiguée de devoir préciser cet incroyable chaos d'émotions. De devoir cerner le geste que la pensée a fait. J'ai faim. Pas comme une fuite, cette fois. Comme un besoin d'avoir des sensations dans ma bouche, dans mon nez, dans mon ventre. Tellement vides depuis que tu n'es plus là. Laetitia est toujours dans sa tente, on dirait. Bizarre. Il est onze heures. Je lui aurais bien demandé ce que voulait dire « ochkonoc ».

Le tipi fume. Dans cette immensité paisible et violente il n'est qu'une toute petite pyramide de toile sculptée par le soleil. Les montagnes environnantes ont la forme d'énormes vagues dont la crête est éclatée par la force du vent qui les pousse. Toutes dans la même direction. Elles révèlent la force de l'invisible. C'est ça. Ici la matière me parle de ce qui la forme, la pousse, la modèle. La matière me parle de l'invisible. Et peut-être de ce qu'il y a derrière la porte du son ?

J'entre dans le tipi. Enkhetuya a les yeux rouges du chagrin qu'elle vient de faire couler. Doudgi a le dos courbé. Il a accepté les reproches. Il met son chapeau pointu et sort. La vie continue. Je vais farfouiller dans le sac à patates pour préparer le repas. Enkhetuya s'installe à côté de moi. Silencieuse. Elle choisit une patate. Et un grand sourire vient illuminer son visage. Qu'est-ce que j'ai fait encore ? Elle rit maintenant, en regardant la patate. Elle me montre un trou dans la patate. Je souris. Je ne comprends pas. « Ochkonoc ! » dit-elle, en désignant le trou avec son index : « Ochkonoc ! » Je finis par comprendre qu'en prononçant ce mot, hier soir, j'ai traité tout le monde de « trou du cul ». Nous partons en fou rire. À la recherche de tous les « ochkonoc » des patates.

Laetitia entre. Se demande ce qui se passe. Je lui raconte ma leçon d'anatomie à la patate. Elle me raconte sa nuit dans la tempête. « J'aurais mieux fait de dormir avec vous ! J'ai passé la nuit à me répéter *je n'ai pas peur, je n'ai pas peur, je n'ai pas peur...* » Elle n'a pu s'endormir qu'au lever du jour. J'adore sa simplicité. Devant elle. C'est bien qu'elle soit là. Mon garde-fou. Chacune vit sa vie. Et puis on se retrouve pour les repas et le travail avec Enkhetuya. On bavarde parfois pendant des heures. C'est léger. Comme sa caméra. Je ne la sens pas...

Enkhetuya accroche son tambour au-dessus du poêle. Cérémonie *tonight !* J'ai toujours les cuisses de toutes les couleurs. Bon. Elle sort ensuite son sac de petits cailloux, ceux dont elle se sert pour la divination, et installe un petit tapis devant elle. Les cailloux roulent sur le tapis. Je regarde l'avenir rouler. Elle les compte. Quarante et un. De quarante et une rivières différentes. Elle explique qu'ils représentent les esprits de l'eau, les Lus, et que ce ne sont pas des cailloux, mais des cailloux animés...

— Ils sont vivants, ils peuvent franchir des montagnes, ils se déplacent ! Je les ai attrapés alors qu'ils volaient dans les airs. C'est pour ça qu'ils savent beaucoup de choses et qu'ils sont très bons pour la divination. Je te les donne. Tu devras t'en servir, les écouter et aider les gens qui te poseront des questions...

— À moi ? Mais je ne sais pas faire ça ! Et puis c'est pas mon truc, la divination.

— Je t'apprendrai, tu n'as pas le choix, mais seulement l'année prochaine parce que tu dois d'abord apprendre à maîtriser un peu la transe... Ton travail de ce soir sera justement de te concentrer sur la guimbarde. Tu devras essayer d'en jouer tout le temps pour éviter de te laisser envahir et dominer par les esprits. Tu ne dois pas « sauter » autant. Tu dois apprendre à te maîtriser...

Je regarde Laetitia. Qui a l'air aussi ahurie que moi. On est quand même en train de parler de ma première « leçon de maintien » chez les esprits. Bon. Mais ça va être très dur de ne pas lâcher la guimbarde. Parce que j'adore me laisser partir dans cette énergie...

Enkhetuya, percevant mes pensées, dit à Laetitia qu'elle sera chargée de me tenir si je pars en vrille. Ulysse attaché à son mât devra résister au chant des sirènes. Si un jour j'avais pensé que je subirais le même sort que lui...

Elle dit que quatre ongod sont déjà venus me voir lors des cérémonies : deux hommes, deux femmes. Je lui fais part de mon manque de « visibilité » quant à tout ce qui vient me voir. Elle dit que c'est parce que justement, je m'agite trop. C'est finalement comme en Amazonie. Où Francisco disait que sept plantes et sept esprits étaient autour de moi et qu'au lieu de sauter dans tous les sens je ferais mieux d'utiliser cette énergie à les percevoir. Il faut croire que je n'ai pas évolué depuis là-bas...

Café. Cigarette. Pas la dernière. Je pars m'installer sur une plage d'herbe, le long du ruisseau. J'ai besoin de me parler. D'écrire. D'aspirer ta vie. Et de l'insuffler dans les mots pour les faire frétiller. Petits poissons. J'étale mon del. C'est vraiment génial ce truc. Bleu roi. Il fait chaud. Le soleil oblige la terre à diffuser son odeur intime. Dans laquelle je flotte, je fais la planche. Mon visage se ratatine au soleil. Je vis, je craquelle, j'abuse. Ici mes rides seront des rides de vie. Pas de vide. Je voudrais être capable d'aimer, de nouveau. Mais mon quotidien est encore trop plein de ta musique. Aussi vive que la musique des cascades qui coulent près de moi. Leur chanson libère la mienne, on dirait. Celle qui sait où ça fait mal.

Au loin, Badmaa et Erdenbaat rassemblent les rennes. Erdenbaat est un peu attardé. Badmaa en profite pour lui faire faire tout ce qu'elle veut. Ils sont maintenant en train d'attacher les rennes derrière le tipi. Rituel de la fin de journée. Je descends. Nous serons bientôt tous réunis autour des gestes qui racontent le clan : s'accroupir en gardant les pieds à plat, aspirer la soupe, allumer sa cigarette en fronçant les sourcils, jeter le mégot encore allumé d'un geste sec sur l'herbe qui entoure le poêle. C'est en faisant ce dernier geste que, pour la première fois, je me suis sentie appartenir au clan. J'aime ce clan. Ouvert.

À peine entrée, Enkhetuya me demande ma pointure pour fabriquer mes bottes de psychonaute. On dirait que ça avance. J'en profite pour lui demander où en est la fabrication du costume, du tambour, du chapeau... « Bientôt ! » répond-elle pour me faire plaisir. Et puis elle rit. Je me sens bête avec mon impatience. Il paraît que Doudgi ne peut pas aller chasser l'oiseau dont les plumes ornent le chapeau, le *soïr*. Ce n'est pas la bonne saison. Nous apprenons qu'il vit dans les montagnes, qu'il se nourrit d'herbes médicinales, mais nous n'arrivons pas à savoir de quel oiseau il s'agit. Mon ego pense que c'est un aigle. « C'est une pintade ! » me lance Laetitia. On rit.

Enkhetuya dit que je dois chamaniser deux fois, avant de retourner dans mon pays. Deux fois avec mon costume et mon tambour. J'en déduis qu'un jour ils seront prêts ! Mais quand ? Attendre. Toujours attendre. Que tout soit prêt. Que « les esprits m'enseignent ». Ils sont où, ceux-là ? Je leur mets un bol d'offrandes. Raisins et abricots secs, cigarettes pas sèches. Enkhetuya ajoute un bol de thé au lait. On va traire les rennes. Vent froid. Si au moins j'arrivais à passer la porte du son. Mais comment ? Maintenant que je dois jouer de la guimbarde tout le temps...

Les trois premières étoiles sont dans le ciel. La cérémonie commence. Badmaa enflamme les branches de genévrier. Elle porte un tee-shirt à bandes vertes sur lequel un poulet danse en disant « *Do the chicken twist !* » Un message pour moi ? Doudgi enfile son costume à Enkhetuya. Je suis assise en tailleur à côté d'elle. Laetitia est à ma droite, chargée de me « tenir ». Le premier coup de tambour résonne. C'est parti. Je colle la guimbarde contre mes dents. Pas bouger. Jouer. Jouer. Résister. Au son qui m'emporte. Trop fort. Jouer. Mes jambes commencent à trembler. Jouer. Ne pas arrêter. Ma main se crispe sur la guimbarde. Seule bouée de sauvetage. Ne pas laisser le son m'entraîner. Ça monte. Jouer. Jouer. Se concentrer. Impossible. Je dois plonger. Plonger dans ce monde où les vibrations me font voler. Ma main. Elle frappe. M'accrocher à la guimbarde. Putain de son. Il me fait glisser. Ma main droite gifle. Tire sur la guimbarde. Les jambes. Elles partent. Ça y est. Laetitia me tient les genoux. C'est bien. C'est plus stable. Je joue. Je joue. Ma main joue. Toute seule. Rythme violent. Rapide. Le son. Il entre dans ma tête. M'enfermer dans ma tête. Frapper sur ma tête. Qui résonne. Il m'emporte...

Je vole dans le noir. Loin. Loin dans le calme. J'avance. Qui es-tu, toi ? Tu ris ! Malicieux. Je te connais. Tu me fais rire. Qu'est-ce que tu dis ? Oui. J'arrive. Je te suis. Dans le son. Dans la porte. J'y suis. Évidence. Je suis passée...

Dans le silence. Si fort. Le vide est devant moi. Insondable espace. Vertigineux. Je vais tomber. Je colle mon dos contre la porte. Je ne veux pas aller dans ce silence. Pas stable. Pas aller plus loin. Effrayant espace. Effrayant vide. Vide. « Je » me rappelle. De ne pas aller plus loin. Pas prête. Pas stable. Repartir. De l'autre côté. Repartir. Repartir. Ne pas plonger dans ce vide. Dans ce silence. Le son du tambour. Enfin. Il est revenu. Du côté qui rassure. Celui où je vis. Collée à la terre. Stop. Le tambour ne joue plus. Repos. D'un coup sec. Comme un appareil dont on débranche la prise. Je me pose. J'attends. Je suis là. Aux commandes de mon corps. Retrouvé. Respiration. Pas d'écho cette fois. Retour net et précis. Ouvrir les yeux. Je suis là.

Regarder autour de moi. C'est fini. Respiration. Comme après une énorme frayeur. Enkhetuya est assise à côté de moi. On lui enlève ses bottes. Je suis passée. Laetitia me donne une cigarette. « Je suis passée... » Elle me regarde. Avec cet air interrogatif qui ne sait pas si je délire ou si je suis bien revenue.

— Ça va ?

— Non. Ça ne va pas. Je ne suis pas très bien...

— Qu'est-ce qui t'arrive ?

— Je suis passée !

Badmaa me tend un bol de thé.

— Tu es passée où ?

Comment expliquer ? La peur que je viens de ressentir. La peur qui est en train de faire couler des larmes dans mes yeux. Je ne suis pas prête, pas assez stable pour traverser ce monde. Mon mental est trop présent. Il m'empêche d'aller plus loin. Parce qu'il a peur. Il est mort de trouille. Je n'aurai jamais la force de traverser ce vide. Vertigineux.

— Je suis passée derrière la porte, la porte du son, celle dont je t'ai parlé...

— La porte ! Et il y a quoi derrière ?

— Derrière il y a le silence. L'absolu silence. Celui qui fait penser à la mort. Et puis rien...

Laetitia me tend une cigarette. Elle l'allume.

— Tu sais ce qui m'a décidée à te suivre dans cette initiation ?

— Non.

— Cette porte. Le fait que tu m'aies parlé d'elle lors de notre première rencontre, de la porte que tu ressentais dans le son. Si tu te souviens bien, je t'avais alors demandé si tu avais étudié ou lu quoi que ce soit sur le chamanisme mongol et sibérien. C'était important pour moi de savoir, parce que, si tu n'avais rien lu, tu ne pouvais pas inventer cette « sensation » que des chamanes sibériens avaient mentionnée et sur laquelle j'avais lu des articles. Ils décrivaient le foyer de percussions comme étant la porte de l'autre monde, la porte du monde des sensations...

— Je t'ai dit que je n'avais rien lu...

— Et j'ai eu la confirmation de la sincérité que j'avais déjà ressentie en toi. J'ai eu la certitude que tu voulais faire un véritable travail de chercheur. Que tu voulais seulement comprendre ce qui t'arrivait, sans t'imposer comme chamane. Mon scepticisme et mes barrières de scientifique sont alors tombées, tu devenais le sujet d'étude idéal !

Le sujet d'étude se dit que plus il avance moins il comprend. Je veux dormir. Je dois dormir. Trop froid. Tu n'es pas derrière la porte alors ? Fait chier. Tu es où ? Bordel.

25 août

Réveil triste. Infiniment triste. J'ai envie de partir. D'abandonner. Je ne me sens pas capable de retourner là-bas. Trop peur du vide. Trop peur de cette sensation d'une infinitude noire et silencieuse et insondable. Comme un décrochage. Un vol sans air. Qui fait un trou dans l'estomac. C'est peut-être ça la mort. Peut-être ça la vie. Pourquoi « je » a-t-il si peur ? Pourquoi « je » ne me lâche-t-il pas ? Tu as peur que je te perde, mon ego ?

Enhketuya vient me parler. Elle dit qu'hier soir un esprit est venu me voir. Un jeune homme. Je souris.

Étonnée ? Non. Résignée. Je lui raconte ma vision du jeune homme. Pour une fois que je vois quelque chose. Elle semble contente. De ma conduite. Ma leçon de maintien a finalement été profitable ! C'est grâce à Laetitia. En m'empêchant de « sauter » dans tous les sens, elle a fait en sorte que mon énergie se concentre sur le voyage dans le son. Apparemment ça avance. Mais je suis toujours mal. Toujours triste. Déçue, je crois, de ce que j'ai découvert. En fait, tu n'es pas derrière la porte. Le chemin n'est pas terminé. Il faut aller plus loin. Toujours plus loin. Jusqu'où vas-tu m'emmener ? Jusqu'où mon cœur pourra-t-il ignorer ma raison ? Est-ce que j'aurai le courage d'affronter ma peur ? Le courage de prouver que mon amour est assez fort pour la dépasser...

Laetitia me dit que je suis revenue exactement au moment où le tambour s'est arrêté. Je lui parle du jeune homme. On se pose des questions sur sa « qualité » d'esprit. On opte pour une solution plus rassurante. Il est sans doute celui qui me représente. Mon « je » dans l'inconscient. La transe me permettrait d'entrer en contact avec lui. « Il » serait mon guide. Celui qui peut m'emmener dans toutes les dimensions de mon cerveau. Celui qui est déconnecté de mon mental. Celui qui sait toutes les choses que je ne sais pas que je sais. Peut-être le reflet de « moi ». Dans le miroir. En plus, je le ressens espiègle, rieur, farceur. « Tu vois bien qu'il ne peut être que toi ! » lance Laetitia. On rit. Ça me détend. D'après elle, la cérémonie aurait duré une heure. Pour moi, juste le temps de passer de l'autre côté, d'essayer de me stabiliser et de repartir. Elle m'apprend aussi qu'Enkhetuya a tapé Doudgi pendant sa transe ! Voilà comment régler ses comptes sur le

dos des esprits. En tout cas, ce matin ils étaient récon-
ciliés.

Uurzaikh arrive avec des copains et la mère d'Enkhetuya. Dans un grand sourire édenté, « la vieille », c'est
son surnom, me propose immédiatement de fumer une
pipe. Pendant ce temps les garçons installent une tente
à côté du tipi. Je trouve bizarre ce désir d'« indépendance », quand soudain arrive une jeune fille aux cheveux noirs, courts, avec une mèche effilée tombant sur
les yeux, très mince, jean sur les hanches, chemise
épousant la forme de ses seins... Enkhetuya nous présente Sainaa, la fille d'un de ses amis d'Ulan Bator.
Sainaa doit rester une semaine avec nous. Une semaine
en « tipi de rééducation », nous dit Enkhetuya, parce
que Sainaa est une mauvaise fille. Elle n'obéit pas à
ses parents, elle ne pense qu'aux garçons, elle sèche
les cours. Enkhetuya est donc chargée de lui apprendre
la vie, la dure, celle de la campagne. Mais le problème
est qu'elle doit aller moissonner dans la vallée avec
Doudgi et Bahirhou. Elle nous charge donc d'établir le
contact avec Sainaa...

Échec total. Une fois Enkhetuya partie, Sainaa ne
nous adresse pas la parole, elle fume. Elle ne trait pas
les rennes, elle fait la gueule, elle ne coupe pas le bois,
elle nous regarde de haut, elle n'épluche pas les patates, elle met du vernis sur ses ongles. Bon.

Il fait gris et froid. Abandonnant Sainaa à ses
copains, je décide de me consacrer à ma déprime.
Accepter de la vivre à fond me semble en effet le meilleur moyen de la faire disparaître. Je m'allonge donc
dans le tipi, prête à me laisser étrangler par les idées
noires, lorsque du coin de l'œil qui fait semblant de
dormir je vois Uurzaikh, sur la pointe des pieds, venir
farfouiller dans l'autel d'Enkhetuya. Tout en cherchant

il jette des regards inquiets dans ma direction. Je fais toujours semblant de dormir. Il pique une bouteille de vodka ! J'ai du mal à retenir un éclat de rire. On dirait qu'ils vont passer la nuit à boire à la santé des esprits. Je ferais bien d'en faire autant...

5.

27 août

Au sommet du tipi, le jour attend que je me lève. Mais je n'ai pas envie. Parce que Doudgi, Enkhetuya et Bahirhou n'étant pas de retour des moissons, c'est sur moi que tombent les corvées de réveil. Allumer le feu, marmite sur le feu, eau dans la marmite, nettoyer la marmite avec des branches, jeter l'eau, aller chercher de l'eau à la rivière, remplir le bidon, retourner au tipi en titubant sous son poids, remplir la marmite, rajouter du bois, remettre la marmite sur le feu, aller faire pipi, se laver les dents à l'eau glacée, traire les rennes, attacher les pattes avant, s'installer à côté de la bête, les pieds et les genoux dans le crottin. J'ai mal au dos. Traire, traire, renne après renne. Cinq. Détacher les pattes, apporter ma récolte à Badmaa, qui vient de se réveiller, essuyer mes pieds bouseux, rajouter du bois pour que l'eau bouille plus vite, ressortir détacher les rennes, les attacher deux par deux pour ralentir leur marche et éviter de les retrouver en Sibérie, retourner au tipi, émietter le thé, le mettre dans l'eau bouillante, ajouter le lait de renne en faisant mousser, transvaser dans les bouilloires et voilà. Repos. Pas une vie, ça !

151

Mais qu'est-ce qu'il y a encore ? Badmaa et son cousin me montrent la farine, l'eau, la marmite. Ils me font comprendre que je dois préparer des beignets ou je ne sais quoi pour le petit déjeuner. Ils meurent de faim ! Je stresse. En plus des autres corvées me voilà les mains dans la farine à préparer je ne sais pas encore quoi à ces petits qui piaillent. Ils me montrent la viande. Non ! Je ne mettrai pas de viande dans la farine. Ils rigolent. Qu'est-ce qu'ils ont tous contre moi ce matin ? Je suis apprentie chamane, pas apprentie maman. Je roule la pâte, je fais des boules, j'étale, graisse dessus, sucre, je roule le tout en boudin, coupe des morceaux, mets de l'huile dans la marmite et hop, dans l'huile. J'aimerais bien boire une tasse de thé. Je regarde mes boudins. Ils se rétractent complètement. Avec un air de gros beignets immondes. Bien épais. Les enfants jettent un œil, se regardent et me plantent là, avec mes boules de pâte et mon huile, qui noircit, qui brûle, qui pue, tellement le feu est vif. Sainaa ! Sainaa entre dans le tipi, regarde le désastre, me regarde. C'est la première fois qu'elle daigne me sourire. Elle prend même les choses en main. Je l'embrasserais ! Je n'ai plus qu'à manger mes propres beignets. Courage. Sais-tu quand Enkhetuya doit revenir ? Tout à l'heure, répond Sainaa dans un anglais parfait. Bon.

Vision extraordinaire ! Ma chamane entre dans le tipi en bonnet de rappeur rouge, lunettes noires des sixties, del gris, ceinture orange, pantalon de K-way vert pomme et chaussons de plongée en Néoprène en guise de chaussures ! Laetitia et moi restons sans voix. « *Sain bainuul* », lance-t-elle en levant le bras. Une vraie rock star. J'adore son look. Elle s'installe. Doudgi suit. En polo rose fillette. Son œil fait toujours le tour du tipi avant de s'asseoir. Joie dans l'air. Pas long-temps. Enkhetuya engueule Sainaa. « Il n'y a pas de thé dans la bouilloire ! Tu crois qu'on va te servir ? » Sainaa baisse la tête. Enkhetuya fait très peur quand elle est en colère. L'orage passe. Suivi d'un chaud sou-rire.

— Les moissons ne sont pas terminées, dit-elle, demain, il faut aller à Toïglot, déménager la ger de la vieille pour l'amener sur le lieu de l'école de Badmaa, à Khatgal. La rentrée est dans quinze jours !

Il est question qu'on parte avec eux. Pas très clair. Mon costume serait en voie de finition, mais pas le chapeau, pour lequel il faut dénicher l'oiseau rare. Un coq de bruyère, en fait.

Une discussion s'engage. Laetitia me dit qu'il serait « logique » que le jeune homme venu me « voir » pen-dant la transe soit le même qu'en Amazonie puisque c'est lui qui m'a conduite sur la piste de la Mongolie en me faisant entendre un son diphonique. « C'est vrai, c'est logique ! » On rigole. Je lui explique ce qui m'est arrivé sur la montagne. La rencontre avec le vieux monsieur...

— Savais-tu qu'en Mongolie, *l'esprit des monta-gnes sacrées* est toujours représenté par un vieux mon-sieur ?

Je la regarde.

— Un vieux monsieur ? Non, je ne savais pas...

Silence. Je pense. Comment quelqu'un comme moi, de culture française, a pu percevoir un esprit de tradi-tion mongole ?

— Remarquez, ça tombe bien, continue Laetitia, parce que je voulais justement faire une sorte de repé-rage de toutes les montagnes sacrées de Mongolie.

— Et alors ?

— Alors je vais t'emmener avec moi !

— Comme cochon truffier ?

— Ben oui, tu me diras à quel endroit tu sens une présence, quelle forme elle a et je n'aurai plus qu'à comparer avec les légendes locales !

Rires. Les garçons font une apparition pour dire qu'ils redescendent dans la vallée. Sainaa craque. Ils la raccompagnent. Enkhetuya a l'air soulagé. Doudgi reprend le tipi en main. Laetitia va filmer les rennes. Je prends des notes. J'ai besoin de rédiger noir sur blanc la décision qui s'est imposée à moi. Je vais retourner là-bas. De l'autre côté de la porte. Je suis prête à lâcher ma peur de sortir du cadre. Prête à changer de rythme. De routine. Pour enfin oser devenir ce que je suis. Ta mort n'aura pas servi à rien.

Le vent fait siffler le tuyau du poêle comme le sifflet d'un transatlantique. Il a trouvé un instrument pour jouer sa musique. Sa parole. Sacrée. Je me sens bien ici. J'ai la sensation d'être là où je dois être. Lieu et instant. La joie étincelle. La toile du tipi claque violemment. Tout vole. Tout s'envole. Tout est sec et pur. Je mange des petits morceaux de fromage, je fume ma pipe, je bois du thé, remplie de sensations, d'odeurs de bois, et de neige ! Il neige dans le tipi. Les flocons volettent en formant des particules de lumière. Les morceaux de viande tremblent sur leur ficelle. On dirait qu'ils ont peur de cette force qui circule, née de l'invisible. Ou d'une tache bleue au sommet du tipi. Eux ne voient pas plus loin que ce bleu. Comme moi qui ne vois pas plus loin que ce que je vois. Comment imaginer ce que je ne connais pas ? Comment percevoir ce que je ne vois pas ?

La toile du tipi se déchire ! Badmaa, Enkhetuya et moi sortons pour réparer. Laetitia rapplique. Sa tente s'est envolée, elle était en train de transférer ses affaires dans le tipi. Doudgi n'est plus là. Il est reparti moissonner. Deux lanières de fixation de la toile claquent dans le vent. Je saute pour les rattraper. J'en tiens une, Enkhetuya, Badmaa et Laetitia viennent la tenir avec moi. Nous l'attachons à un des montants du tipi. Il fait hyper-froid. Les mains gelées nous allons nous coller contre le poêle. Le ciel en haut du tipi est tout blanc, maintenant. Neige, neige, vent. Le vent s'engouffre sous la toile, elle devient de plus en plus flasque, le trou à fumée s'agrandit à vue d'œil.

Le chien noir est en boule devant le tipi. La neige commence à le recouvrir. J'ai trop froid. Impossible de bouger. La toile se déchire encore. Une autre lanière a sauté. Je dois ressortir pour essayer de la fixer. Je l'attrape. Elle casse. La neige fait un rideau de gros points blancs. Heureusement qu'Enkhetuya sait faire les nœuds. Fixation de fortune. En sachant que ça ne va pas tenir. La toile bat de plus en plus fort. Nous rentrons. J'ai les doigts et les oreilles gelés. Il y a autant de vent à l'intérieur qu'à l'extérieur. Doudgi n'est toujours pas rentré. L'urgence est d'aller couper du bois. Enkhetuya fait chauffer de l'eau. Boire chaud. La toile se déchire de plus en plus. Qu'est-ce qu'on va faire si la toile s'envole ? Prisonnières de rien au milieu de nulle part. Au dégel, on retrouvera trois statues congelées autour d'un poêle. Sans feu. Ça aussi c'est une installation. Il ne reste plus qu'un tronc dans la réserve de bois. À genoux par terre, Laetitia à un bout de la scie, moi à l'autre, nous commençons à le scier. Tire, pousse, tire, pousse. De la neige et du vent entrent dans mon oreille gauche. Je penche la tête. Tire, pousse, tire, pousse, les poumons remplis d'air glacé. Ça brûle. On doit y arriver. Couper ce bois. Ou mourir de froid. Mes poumons vont éclater. Je regarde Laetitia, dans le même état que moi. Baisser la tête. Recommencer. Pousser, tirer, pousser, tirer. Respirer dans son col pour éviter l'air glacé. C'est la première fois que ma vie dépend de mes muscles. C'est con. Mais ça me fait rire. Respirer. Souffler. Respirer. Souffler. C'est gros un tronc. Ne plus penser. Tenir. Tenir. Regarder la lame qui s'enfonce. Qui tranche. Regarder tomber la sciure sur la neige. Comme une preuve rassurante. Encore un effort. Clac. Les deux morceaux se séparent, libérant notre angoisse. Il faut casser les morceaux à la hache maintenant. Dernier effort. Le plus facile parce qu'après lui ma vie ne dépendra plus des gestes que je pourrai faire, mais du bois qu'il restera à brûler. Il paraît que le froid endort. Et qu'on ne souffre pas. La hache fend le bois. Le bruit résonne dans le silence de la neige. Si au moins, Doudgi était là. Je suis glacée. Le tipi flotte au vent comme un drapeau délavé. Il signalera notre présence au monde des vivants. Je ramasse les bûches de bois. Mais que fait Laetitia ? Laetitia filme ! Et que fait Enkhetuya ? Enkhetuya jette des pâtes dans de l'eau bouillante. Et que fait Corine ? Corine claque des dents. Doudgi arrive ! Avec Erden-baat. J'ai l'impression que rien ne peut arriver quand Doudgi est là.

En voyant l'état de sa maison, il se met à rire. Il ne s'affole jamais. Lui. Silencieux et efficace, il évalue, il prend la hache, taille des pieux dans le bois, enfonce les pieux dans le sol avec le plat de la hache, attrape les attaches volantes, les fixe autour des pieux. Les rafales de neige semblent n'avoir aucun effet sur lui. J'ai trop froid. Je rentre regarder les pâtes gonfler dans l'eau. On entend la hache taper sur les pieux. Les pâtes sont prêtes. Laetitia et moi dévorons. C'est brûlant dans la gorge. Doudgi revient. La maison des trois petits cochons ne claque plus sous le souffle du loup. Doudgi est invincible. C'est bon de se reposer sur quelqu'un. De savoir qu'on n'a plus qu'à se laisser aller. Le poêle est cerné par la danse des chaussettes. Les orteils se tortillent pour se réchauffer. Enkhetuya dit qu'elle aime bien l'hiver. Même à moins cinquante. Tout blanc dehors et eux bien serrés dans le tipi...

Doudgi a fixé la « porte » grâce à un bâton transversal attaché aux montants du tipi. Ce qui fait qu'il doit ramper sous le bâton pour sortir et aller attacher les rennes. Je regarde la température sur le petit réveil de Badmaa. Zéro degré. Je vais me mettre en boule et penser que je suis ailleurs. Voilà. Ailleurs où c'est l'été. Pas dans la maison du Père Noël. Qui arrive ! La tête de Doudgi apparaît sous la porte, le bouc plein de neige. Il brandit une couverture. « Couverture pour Croïcroï ! » Éclats de rire.

Il fait nuit. La tempête de vent se déchaîne. Mais le tipi est bien amarré. Tout le monde s'installe pour dormir, Enkhetuya, Doudgi, Badmaa, Erdenbaat, Laetitia et moi. C'est la première fois que Laetitia dort avec nous. Elle est dans un cocon rouge avec juste une ouverture pour les yeux. Plongée dans l'observation de sa transformation en larve d'insecte, j'entends sortir du cocon un « Veeeent fraiiiis, vent du matiiiiin... », que je reprends en canon. Que tout le monde reprend en canon, puis en hurlant, pour chanter plus fort que le vent...

6.

Les rennes ont le museau dans la neige. Repas sur-gelé, aujourd'hui ! Ils trottent, ils crottent. Ils me trans-mettent leur joie d'assister à un spectacle unique. La terre à perte de vue, d'une blancheur étincelante, est entourée d'un ciel bleu roi dans lequel la neige vole en dessinant des arcs-en-ciel...

Enkhetuya passe la matinée à préparer des sacs. C'est le signal du départ. Cette fois c'est sûr, on quitte le tipi. Laetitia et moi rassemblons nos affaires. J'ai les larmes aux yeux de quitter ce lieu incroyable. Mais il faut accompagner Badmaa à l'école. Pas Erdenbaat, son cousin. Il n'est pas assez intelligent, et l'école est payante. Environ soixante euros par an. Alors il faut choisir. Des cinq enfants d'Enkhetuya et Doudgi, seule Badmaa a la chance d'aller à l'école.

Doudgi charge l'unique cheval rescapé de la tem-pête. Les autres sont éparpillés dans la montagne. Bahirhou, qui vient d'arriver, ira les récupérer. C'est

158

lui qui restera ici pour s'occuper des rennes. Entre nos affaires et celles de la famille, le cheval est super-chargé. Je pars la première. Chemin tracé. Le même qu'à l'aller. Je marche. Rythme rapide. Comme une idée qui naît. L'idée d'un rendez-vous avec une certitude. Ma montagne, toi et le vieux monsieur. Je ne peux pas partir de ce pays sans vous avoir retrouvé. J'ai besoin de vous. Et vous de moi ? Marcher plus vite. Prendre de l'avance sur les autres, pour avoir le temps de faire ce « détour ». Répondre à la montagne. Mon sac bleu sur l'épaule, je marche. Il fait chaud. Je marche. Arrivée dans la forêt. Dans le silence de l'invisible. Gorge serrée. Un sanglot. Mal au cœur. Deux sanglots. Se dépêcher. Je n'ai pas le droit de faire attendre Enkhetuya et les autres. Mais il faut que je sache. Troisième sanglot. Je dois aller sur la montagne. Je sais qu'elle m'attend. Tant pis pour le rendez-vous avec le camion qui doit nous ramener près du lac. Je vous retrouverai. Je connais la piste jusqu'au lac. À deux heures de marche. Je cours. La joie revient. Comme chaque fois qu'une décision est prise. J'y vais. Plus vite. Elle est là. Devant moi. Si haute. Je ne vais jamais pouvoir arriver au sommet en si peu de temps. Pas l'entraînement. Peut-être que le camion sera en retard, vu la notion du temps qu'ils ont ici. Pas de voix derrière moi. Ils sont encore loin. Le cheval chargé va les ralentir. Je suis face à la colline. J'évalue. Cinq cents mètres. Bon. J'y vais. Je tente. Il n'y a qu'à grimper tout droit. Et puis toute la neige a fondu. J'attrape le bas de la pente. Un pas après l'autre. Ne pas réfléchir. Baisser la tête et regarder mes pieds. Pas ce qu'il reste à monter. Comme le vertige à l'envers. Mes chaussures roulent sur les cailloux, écrasent des arbustes, des touffes de thym, crachent leur odeur comme un venin. Il n'y a pas de chemin, j'ai l'impression de monter à l'échelle. Chaque pas tire sur mes cuisses. Un pas après l'autre. Je regarde par-dessus mon épaule, la distance parcourue. Je regarde en haut. Trop haut. La distance à parcourir. Encore une fois je vis ce moment où je me demande si mon corps est capable de faire ce que je veux qu'il fasse. Où est sa force physique ? Dans le mental ? Grimper en un temps record. Imposé par mes propres limites. Quel force a mon mental pour repousser ces limites. Y a-t-il des limites, sinon celles qu'on croit avoir ? Ne pas s'affoler. Je n'ai même pas mal aux jambes. Les muscles ne changent pas grand-chose. C'est une autre énergie, on dirait. La même que pendant la transe ? C'est le cœur. Qui tape. Toi, qui frappes de joie, d'être bientôt là avec moi. Un pas après l'autre je zigzague. Petit serpent qui monte vers le sommet, juste là, au-dessus de ma tête. Au-dessus de mon souffle, coupé par tant de beauté. Le lac apparaît. Se dévoilant un peu plus à chacun de mes pas. Encore un qui fait mal. Encore un qui arrache ma gorge. Asphyxiée. Je n'ai même pas d'eau...

C'est là-bas. Devant cet arbre. La raison de ma vie. Plus important que tout. Toi. Ce lieu est une clef. Une aire de lancement. Un point d'équilibre. Comment m'en servir ? Ce qui m'a fait peur dans la dimension sans fond, sans fin, noire et silencieuse, c'est que tu n'y étais pas. Pas là. Plus là ? Plus dans la mort. Plus dans l'espace. Alors dans la vie ? Où es-tu ? Encore deux pas. Respirer. Là. C'est là. L'œil du cyclone. C'est là que le rythme de mes sens bat en harmonie avec toi. Je m'assois. Comme la joie qui me traverse. Sans pouvoir respirer autre chose que ton souffle.

J'ai réussi à dompter mon corps. Il râle. Mais il n'est fait que pour m'emmener là où je dois aller. Je ris. Avec toi. Dans l'instant magique où je reconnais ton silence. Si dense. Bonjour, vieux monsieur. Toi aussi tu es là ? Tu souris. Tu souris toujours. Du sourire qui transmet la force. Contact. À l'intérieur de moi, les sons, les odeurs, les couleurs, la chaleur et le goût du vent se mettent en équilibre, me faisant découvrir... l'espace entre deux pensées ? Et si les cinq sens étaient des clefs ? Cinq clés dont la mise en équilibre déclencherait le décodage d'un nouveau sens, d'un super-sens, permettant d'atteindre une autre dimension. Hors de ce temps...

Mais que fait-on dans le temps, si la finalité est de trouver la clef qui en fait sortir ? Vieux monsieur, c'est trop compliqué pour moi. Laisse-moi seulement enregistrer ton silence. J'aurai besoin de l'écouter là-bas. Pour ne pas oublier ta question. Je branche le micro. Bouton rouge. Voilà, c'est fait. Au revoir.

Je les vois ! Tout petits sur la piste. Ils m'attendent devant le van. Je fais de grands signes avec mes bras. Tache bleu et orange battant des ailes dans les arbustes. Ils répondent à mes signes par des signes. À mes cris par des cris. On joue. C'est ce que j'aime en eux. Ils savent jouer. Même après m'avoir attendue pendant des heures...

Je monte dans le van gris. Enkhetuya est à l'avant, avec ses lunettes de star.

— Mais où t'étais passée ?

— J'étais allée voir le vieux monsieur...

No comment. Ma réponse ne fait pas plus d'effet

que si j'avais dit : « Je suis allée acheter des clopes. »
De toute façon je n'ai rien à ajouter pour ma défense.
Le van roule. Des petites meules de foin sont posées
le long du chemin, celles qu'ils ont moissonnées pour
l'hiver.

V

La traversée du silence

1.

Le lac Khövsgöl est maintenant sur notre gauche. Nous roulons en direction de Toïglot, un hameau de gers sur la rive ouest du lac. Le paysage se transforme peu à peu en un décor de montagne suisse. Avec des yaks à la place des vaches. Cinq gers apparaissent, posées entre les mélèzes à environ trente mètres du bord du lac. Toutes blanches. Rondes. Paisibles. Ces gers sont les maisons que la famille utilise hors des périodes de transhumance. La ger de la vieille et celle d'Enkhetuya sont placées l'une à côté de l'autre. Le moteur s'arrête. Nous descendons du van pour entrer dans la plus grande ger. Celle d'Enkhetuya.

Ma mémé préférée est là. Norjmaa aussi. Elle prépare du thé. Quatre lits sont disposés sur le pourtour de la ger, entre des coffres mongols décorés de motifs géométriques orange et rose. On dirait un cinq-étoiles luxe, à côté du tipi. Il y a même un grand miroir, au fond à gauche, avec des photos de famille de part et d'autre. Le sol est recouvert de morceaux de moquette vert gazon qui jouxtent du linoléum bordeaux à énormes fleurs blanches. La cuisine est à droite en entrant, composée de quatre étagères en bois, peintes en rouge, sur lesquelles sont posés des bols, des assiettes, des marmites, des fourchettes, des morceaux de pain, de fromage, des blocs de thé, des sacs de toile...

Le poêle ronronne au centre. La vieille nous offre des sortes de rochers céréales-fromage accompagnés d'une crème fraîche super-épaisse. Goût énorme. J'en mange quatre. Laetitia deux. Il y a une machine à coudre sur la table. Je m'approche. Elle est noire avec des motifs rouges. « Union, made in URSS » est écrit en lettres dorées sur le côté. Pas de pédales, juste une roue qu'on doit actionner à la main pour entraîner l'aiguille.

Je sors repérer mon nouveau domaine. Un bébé yak est devant la porte ! Une frange de poils tombe devant ses yeux, grands et ronds. Il s'enfuit dès que j'approche pour le toucher, faisant résonner la terre du rythme de sa peur. Il y a un enclos de rondins derrière la ger. Avec vue sur le lac et les mélèzes. Un son de cheval au galop me fait tourner la tête. Un homme à cheval poursuit un homme à pied ! Il brandit un bâton. C'est le copain d'Uurzaikh ! Celui qui a dormi dans la tente à côté du tipi avec Sainaa et les autres. Il tape sur la tête de celui qui est à pied. Il va le tuer ! L'homme à pied a la tête en sang. Tout le monde sort des gers. Des hommes essaient de protéger l'homme poursuivi, d'autres font fuir le copain d'Uurzaikh, qui revient à la charge au grand galop... Je rentre dans la ger. En ébullition. Enkhetuya parle avec des femmes que je ne connais pas. Sainaa est là ! Elle prépare les pâtes sans prendre part à la conversation. Laetitia entre à son tour. Me dit qu'apparemment il s'agit d'une bagarre de famille, à cause de celle que Laetitia désigne du bout du menton. Sainaa ? Le copain d'Uurzaikh, avec qui elle a eu une aventure pendant son séjour au tipi, était marié...

Le blessé, la tête en sang, entre dans la ger. Laetitia sort de son sac des produits antiseptiques pour nettoyer les plaies. Je vais voir. Il a trois entailles profondes dans le cuir chevelu. Il saigne beaucoup mais se laisse soigner sans un gémissement, tout content qu'on s'occupe de lui. C'est alors qu'une furie déboule dans la ger pour aller frapper Sainaa. Sainaa se laisse frapper sans réagir. L'autre hurle. Qu'est-ce qu'on fait ? Rien. Enkhetuya parle. Enkhetuya calme. Enkhetuya sort avec la jeune femme. C'est fini. Sainaa se remet à préparer la cuisine. Rideau.

Ma chamane revient une demi-heure plus tard avec la vieille, un sac en toile sous le bras et un grand sourire mystérieux sous le nez. Elle me fait signe d'approcher tout en retirant un vêtement bleu marine du sac. C'est mon costume ! Il a la forme d'un del, bleu marine doublé de marron, sauf qu'il s'ouvre sur le devant et pas sur le côté. Des bandes de peau de chèvre dans lesquelles ont été découpées des franges d'un centimètre de large bordent l'ouverture du costume. Essayage. Je suis émue. Très émue. Il est juste à ma taille. Je fais un tour d'honneur devant Enkhetuya, la vieille, Sainaa et la caméra de Laetitia, aussi émue que moi.

Le costume n'est pas terminé. L'atelier couture commence. Il s'agit de confectionner quatre-vingt-dix-neuf cordelettes de tissu, dans les neuf couleurs habituelles. La vieille se colle à la machine à coudre. Tac-tac-tac-tac-tac sourd. Je maintiens la bande de tissu devant l'aiguille, en planquant mes doigts, jusqu'à ce que Enkhetuya se mette à brandir sous mon nez deux petits chaussons en peau de chèvre. Mes chaussures de chamane ! Hermès enfile ses chaussons ailés. Des rubans de couleur sont accrochés sur le côté externe, avec des sortes de grelots. Je demande à Sainaa d'interroger Enkhetuya quant à la signification de ces grelots. Elle se fait rembarrer. « Tu ne vois pas que c'est un costume de chamane ! » Silence. J'avais oublié qu'une « non-chamane » ne devait rien savoir du chamanisme. Ce qui ne me donne pas davantage d'explications...

L'après-midi se déroule en famille. Tamali, la fille aînée d'Enkhetuya, vient nous présenter Orchna, son bébé d'un mois, emmailloté comme une momie. Bayanbdrakh, surnommé Baba, le fils aîné d'Enkhetuya, passe avec son fils de six ans. Baba a un visage incroyablement long. Son énergie est grave et douce. Contrairement à celle de ses sœurs, qui est plutôt molle. Puis arrive Oyundalai, une petite fille de huit ans qu'Enkhetuya nous présente comme étant sa fille. Encore une ? Mais tu nous avais parlé de trois filles, Norjmaa, Tamali et Badmaa, pas quatre !

Enkhetuya explique que le nombre de ses enfants peut « varier » parce que, en plus de ses enfants biologiques, elle considère comme ses enfants tous les enfants nés sous son toit. C'est le cas d'Oyundalai, en réalité fille aînée de Tamali, mais née dans la maison d'Enkhetuya. La voix de canard de la vieille nous fait sursauter. Elle joue aux cartes avec Doudgi and Co et vient de gagner ! Des billets passent de main en main. Doudgi est ruiné, on dirait. Il retourne ses poches vides en rigolant. Badmaa fait des puzzles avec Oyundalai. Elles iront ensemble à l'école. « Croïcroï ! » Enkhetuya me fait signe d'aller installer mes ongod. Je regarde Laetitia. Qui regarde comme moi au-dessus du poêle. Le tambour est bien là. Il chauffe. Nous ne l'avions pas encore remarqué...

C'est la première cérémonie depuis mon saut dans le vide. J'ai les larmes aux yeux. De devoir retourner dans cette dimension sans toi, là-bas. Enkhetuya doit le sentir parce qu'elle se met à me montrer du doigt en criant : « Ochkonoc, ochkonoc ! » « Trou du cul toi-même ! » Laetitia rit. Elle en profite pour faire des essais de caméra avec une lampe frontale dont elle nous plante le faisceau dans les yeux. Enkhetuya rit à son tour...

Les garçons sont allés regarder la télé dans la ger de la vieille. Ce qui nous vaut le bruit de moteur du groupe électrogène. Je fuis. Vers le lac. Loin. Là où l'eau, le ciel et son silence se confondent. Rose. Mauve. Gris. Je marche. La prairie, ponctuée de yaks, se transforme autour du lac en une longue plage de petits galets. Mes pieds s'enfoncent dedans jusqu'à un gros tronc échoué là, gris clair et pelucheux. Je pose ma main sur lui. Calme. En lui demandant comment passer de ce temps à l'autre, sans avoir peur.

C'est l'heure. Me voilà sur l'aire de décollage avec la guimbarde. Baba est à côté de moi. Il est chargé de me tenir pendant la cérémonie. Laetitia doit filmer. Pour l'instant elle aveugle tout le monde. Coordonner le mouvement de la caméra avec celui du faisceau de la lampe frontale semble un exercice impossible ! Tout le monde rit, jusqu'à ce que Enkhetuya soit prête. Le tambour bat. Je résiste. Je ne bats pas. Je ne ressens pas grand-chose. Enfermée dans cet invincible bouclier qu'est ma peur. La peur du vide. De la mort. Que je dois dépasser pour enfin oser vivre. Je joue de la guimbarde. Le rythme commence à m'emporter. À me transformer. Le loup renifle. Beaucoup. L'odeur de la peur. Je ne franchis pas la porte du son. Le tambour s'arrête.

Le loup s'en va. Cigarette. Thé au lait. Laetitia me demande mes impressions. Rien à dire.

— Deux ongod sont venus te voir, dit Enkhetuya...

— Deux ? Je n'ai rien vu. Je n'ai même pas réussi à franchir la porte. Trop peur. Comment je vais faire, si je n'arrive pas à dépasser cette peur ?

— Tout sera plus clair quand tu auras ton costume et ton tambour. Tu seras aussi mieux protégée. Tu pourras traverser...

Traverser quoi ? le vide ? Pour trouver quoi ? Même pas toi...

Je me couche. Laetitia et moi avons chacune un lit, dont les sommiers sont défoncés, les matelas un champ de mines. On saute dessus. Ça grince. Peut-être qu'on va dormir par terre...

30 août

Trois giclées à la seconde, c'est le rythme de traite de Norjmaa. Le mien est d'une giclée à la seconde, mon record en matière de traite de la yak. Mais je m'entraîne, transportant mon petit tabouret de mamelles en mamelles. J'ai juste besoin d'apprendre à viser le bidon. Et pas mes manches, qui sont trempées de lait. En montrant fièrement ma nouvelle récolte à Norjmaa, je me dis que ce nouvel apprentissage sera du plus bel effet sur mon prochain CV.

Retour à la ger pour le petit déjeuner. Laetitia en cocon rouge dort encore. Doudgi est déjà prêt, il part avec un sac. Enkhetuya me regarde puis se met à bêler en faisant des cornes sur sa tête. Ce qui veut dire ? Elle fait alors mine d'arracher son cœur. Doudgi va tuer une chèvre ? Elle me fait signe de rejoindre Doudgi. Non, merci. Je préfère voir la chèvre en petits morceaux dans mon bol. La technique mongole est de pratiquer une incision sur le sternum et de passer une main dans la cage thoracique pour sectionner l'aorte. Il paraît que la chèvre se laisse faire. Qu'elle ne souffre pas. Qu'elle ne crie pas. Mais je n'ai pas du tout envie de voir ça. Je bois du thé. L'oreille aux aguets. Pour voir si c'est vrai. Silence.

Jusqu'à ce que Doudgi entre dans la ger, un sac taché de sang dans les mains. Ça a l'air lourd. Il s'avance pour vider le sac devant le poêle. Des tripes sanguinolentes et gluantes s'étalent de tout leur long. Je vais vomir. On dirait des serpents granuleux qui se tortillent pour s'échapper. Mémé arrive, le sourire édenté en grand angle. Elle plonge les mains dans tout ça, se saisit du foie encore palpitant et fumant, le pique d'une brochette de bois et le coince dans la porte du poêle pour le cuire. Laetitia se réveille. Mauvais moment. Son œil pourtant endormi se voile d'un écran de nausée. Ça me fait rire. On sort. C'est beau, le lac !

Nous nous dirigeons vers une petite cabane en rondins à cinq cents mètres de là. Le « magasin ». C'est fou comme ça manque, d'acheter. La ger de la marchande est posée juste à côté. La technique pour la faire sortir de sa ger est de crier. Nous crions. Ça marche. Nous voilà dans la caverne d'Ali Baba. Regards gourmands. Ça sent le bonbon et la viande fraîche. Le tout se côtoyant sur des étagères en bois. Laetitia achète un Mars. J'achète du chocolat et des sacs de « cailloux ». En sucre.

À notre retour, la ger est vide. Plus de trace du cadavre, les preuves ont été effacées, le sol nettoyé, seul un son de glouglou perturbe le silence. En même temps que nos soupçons, nos têtes se tournent vers la marmite. Croisement de pensées. Nous approchons du poêle. Laetitia soulève le couvercle. La chèvre est là. Dans l'eau. Transformée en gros boudins gonflés, flottant au milieu d'yeux de gras. Fermeture immédiate. Nous fuyons vers la porte. Trop tard. La famille revient. « Croïcroï ! Litichia ! » invite Enkhetuya en montrant la marmite. Plus qu'à s'asseoir. La vieille sort les boyaux de l'eau, puis un truc plein de vésicules hérissées, en forme de bourses farcies. Je fais la gueule. Laetitia s'apprête à en faire autant. Même après des années il y a des « spécialités » auxquelles elle ne s'habitue pas. D'un regard poli nous observons les serpents vésiculeux se faire découper en tranches et arriver, fumants, sous nos nez. On dirait des rondelles de boudin. Le sang bouilli y a laissé des empreintes de bulles. Am-stram-gram. Ce morceau. Une bouchée. Goût de gras salé. C'est élastique. Une autre. Plus noire. C'est bon... Enkhetuya me regarde en souriant. Je lui fais : « Sain » en mettant mon pouce en l'air. « Ochkonoc ! » sourit-elle en désignant ce que je mange. Je crache. La vache. Laetitia éclate de rire.

31 août

Sur le rivage sauvage et gris du lac, je m'adonne amoureusement à mon activité préférée, l'enregistrement du clapotis du lac, lorsque des cris terribles arrivent soudain à mon oreille. « Croïïïicroï ! Crooooooooïcroï ! » Ventre à terre, je me dirige vers la source de ce cri.

Freinage d'urgence devant le spectacle qui s'offre à moi : il ne reste qu'un cercle d'herbe sèche et des nids de souris à la place de la ger de mémé ! Ils l'ont dépiautée et jetée pêle-mêle dans un camion arrêté sur la piste. Enkhetuya est en colère.

— On t'a cherchée partout, on n'attend plus que toi pour partir à Khatgal ! explique Laetitia.

— Mais je ne savais pas, pardon ! Pourquoi ils ont démonté la ger de la vieille ?

— C'est sa maison ! Ils vont la réinstaller à Khatgal pour que les filles et elle puissent vivre dedans pendant la période scolaire.

Le temps de prendre mon sac à dos, je monte sur la roue du camion afin de me hisser dans la benne à ciel ouvert. Je m'assois au sommet des « restes » de la ger, recouverts d'une bâche en plastique. Laetitia s'installe devant moi, à côté d'Enkhetuya, de Badmaa, d'Oyundalai, et de Doudgi, qui vient de jeter l'ancre. Oreilles au vent, la petite troupe et sa maison s'en vont rejoindre l'école des filles. Mémé, Orchna et Tamali sont dans la cabine avant avec le chauffeur.

Tout le monde se met à chanter, à rire, au rythme des trous de la piste et à engueuler le chauffeur qui fonce malgré tout. Le lac disparaît, nous grimpons dans la montagne, nous passons un col, nous avançons dans une vallée au soleil rasant. Puis couchant. La lumière orange nous attire, nous éclabousse. Nous roulons au milieu des troupeaux de chèvres et de moutons en poussant des « mêêêê, mêêêê » tous en chœur, accrochés aux armatures du camion, dont les éléments, au rythme des cahots, nous restent dans les mains...

Khatgal est une ville au sud du lac, composée de gers entourées de palissades. Une ville sans immeubles. Le camion s'arrête devant un portail vert amande. Le chauffeur descend pour ouvrir le portail. Je découvre notre enclos, juste marqué d'un cercle d'herbe sèche. L'emplacement de la dernière ger. Notre toit est réinstallé en une heure chrono. Le poêle fume. La vie continue. Dans un nouveau décor.

2.

1er septembre

Extérieur : Jour, Khatgal.
Intérieur (de moi) : L'école n'est pas finie...

C'est la rentrée des classes. Il ne pleut pas. La bassine rose est remplie d'eau, puis des deux filles, Badmaa et Oyundalai. Elles trempent sans frotter. Sorties de la bassine, Tamali inspecte, vérifie les bras, gratte avec un ongle. Pas satisfaisant. Retour à la bassine ! Et prière de frotter un peu plus, mesdemoiselles. Rires. Éclaboussures. Tamali leur lave les cheveux. Noirs et longs. Ils sont ensuite peignés et rassemblés en chignon. Ourna, le mari de Tamali, fait le ménage, puis le thé, puis la lessive, qu'il étend dans la ger. Encore un homme idéal. Orchna, le bébé de Tamali, vient de faire un caca orange sur les genoux d'Enkhetuya.

Après avoir séché Badmaa et Oyundalai, Tamali sort d'un coffre les vêtements achetés pour cette rentrée. Les filles s'approchent. Jour de fête. On leur a acheté un collant rouge et un collant bleu avec un dalmatien imprimé sur le mollet. Badmaa enfile le bleu, avec un pantalon de survet bleu et un tee-shirt blanc. Oyundalai le rouge, avec un pantalon mauve et un tee-shirt jaune. Chaussures neuves. Les mêmes. En nubuck marron avec de grosses semelles tout-terrain. Mémé regarde, commente, puis leur fait des tresses dont elle noue le bout avec un élastique autour duquel sont enfilés des petits fruits en plastique. Banane bleue, citron jaune, poire verte, framboise rose. Voilà. Elles sont prêtes.

Doudgi entre, il était allé réparer le portail. Il regarde ses filles d'un air admiratif, puis enfile son del des grands jours, violet foncé, col orange, ceinture orange, et son chapeau traditionnel en feutre bleu à pointe noir et or. Enkhetuya est en del noir bordé de vert et or avec une ceinture jaune citron. Je mets mon del bleu. Laetitia nous rejoint. Départ.

Fiers d'accompagner Badmaa et Oyundalai à l'école, nous marchons sur l'une des pistes traversant la ville. Nous longeons des rangées de palissades, des poteaux électriques bancals, des lampadaires blancs à tête cassée, nous croisons des yaks, deux Jeep, une moto rouge... Les filles trottent loin devant nous, poussées par le vent. Il fait froid. Trente minutes de marche. C'est loin, l'école. Le son d'un haut-parleur commence à guider nos pas. Enkhetuya ouvre une porte dans une palissade, découvrant une prairie. Une autre porte. Une autre prairie. Nous finissons par arriver devant un grand bâtiment en bois. Une centaine d'écoliers se tiennent devant le perron, en rangées par deux. De la première à la huitième année, explique Enkhetuya. En haut des cinq marches du perron se pavanent les personnalités. Costume noir, chemise blanche, cravate. L'un d'eux parle au micro. Les haut-parleurs, alimentés par un groupe électrogène, crachent le discours de bienvenue. Badmaa et Oyundalai rejoignent la ligne des deuxième année, leurs épaules soudain plus basses que d'habitude. Enkhetuya et Doudgi rayonnent de fierté. Il y a des rêves dans leurs yeux. Respectés par leurs filles. Je regarde Laetitia. Aussi émue que moi. Discours terminés. Les fanions de toutes les couleurs applaudissent avec le public. Enkhetuya nous fait signe d'approcher pour nous présenter la nouvelle maîtresse des filles, une dame d'une cinquantaine d'années avec un air sévère. À peine avons-nous échangé les poignées de main qu'elle s'éloigne pour rejoindre un groupe d'enfants. Les filles sont séparées des garçons pour être testées à la course à pied. Les garçons seront testés à la lutte, le sport national. Puis tout le monde rentre. Les cours commenceront demain.

Au fil des *delgours*, les magasins en bois, j'achète des corsaires, petites boules de noix de coco enrobées de chocolat, Laetitia achète des chaussettes et Doudgi lorgne des boots en fourrure noire pour sa femme adorée qui les a déjà repérées. Essayage. La taille est parfaite, la négociation commence, et aboutit à quatre mille tögrög la paire, soit quatre euros. Échange de billets. Voilà. Avec un sourire béat, Doudgi regarde Enkhetuya enfiler ses nouvelles boots. Le shopping est terminé.

De retour à la ger, nous découvrons un van dans le jardin... Une dame et ses deux filles viennent saluer Enkhetuya. Elles expliquent qu'elles sont venues la consulter sur le conseil d'un lama d'Ulan Bator. Il leur a fallu quatre jours de piste pour arriver ici...

Enkhetuya les invite à entrer dans la ger. Distribution de thé. La dame dit à Enkhetuya qu'elle est malade, que ses genoux et ses épaules sont bloqués. Enkhetuya écoute. Le reste de la famille regarde la télé, qui s'éteint environ tous les quarts d'heure dans les « Ohhhhh ! » du public. Le groupe électrogène déconne. À chaque interruption, Doudgi doit sortir pour le remettre en route. Les images des aventures de John et les Ninjas réapparaissent. « Ahhhhhh ! »

Enkhetuya profite d'un « entracte » pour nous dire qu'on repart demain à Toïglot. Elle doit faire une cérémonie pour la dame et tout son « matériel » de chamane est resté là-bas.

3.

2 septembre

Extérieur : Jour. Toïglot.
Intérieur (de moi) : Il était une fois...

Assises dans la ger, Enkhetuya et la dame se tiennent face à face. Un petit tapis est disposé entre elles, sur lequel Enkhetuya consulte les cailloux magiques. Elle les a disposés en carré de trois paquets sur trois. Les neuf positions forment des lignes, qu'elle analyse, qu'elle écoute, que j'écoute. Que peuvent bien raconter les cailloux ? Je n'entends rien.

Après un long moment de concentration Enkhetuya se met à parler à la dame.

— La raison de tes malheurs est qu'il y a eu beaucoup de chamanes et de lamas dans ta lignée, mais qu'il n'y en a plus. La dernière personne à avoir été désignée par les esprits a refusé de devenir chamane. L'ongod qui l'a appelée est donc en colère. Il est tout seul dans l'éternité, non honoré. C'est pour ça qu'il s'attaque à toi. La solution est de fabriquer un ongod en tissu, qui sera sa représentation symbolique, et d'appeler cet esprit pendant la prochaine cérémonie pour lui montrer qu'on le respecte, qu'on l'honore et qu'on lui fait des offrandes...

Enkhetuya se tourne alors vers Doudgi pour le charger d'aller cueillir les plantes nécessaires à la cérémonie. Elle va ensuite préparer une potion à base de vodka et de poudre d'encens, destinée à éloigner les mauvais esprits...

Je remarque que la dame, qui jusque-là ne souriait jamais, se met à s'animer et à rire avec Enkhetuya. On dirait que le fait d'avoir identifié la « raison » de ses problèmes est perçu comme un début de solution. Un peu comme si « la mise en acte », la fabrication de la poupée symbolisant l'esprit mécontent, lui donnait la possibilité de réparer « physiquement » le préjudice. Et donc de recommencer à croire qu'il était « réparable ».

D'où l'intérêt du rituel, sorte de « théâtralisation » au cours de laquelle on matérialise les problèmes et les solutions par des gestes, des objets, des actes qui les rendent visibles et palpables. Ce qui permet de les identifier, de les appréhender, pour en avoir moins peur et donc de retrouver un potentiel de confiance pouvant très bien être à l'origine d'un processus de guérison...

Doudgi entre dans la ger avec trois branches de pin, et d'autres plantes mystérieuses. Laetitia lui demande le nom de ces plantes. « C'est de l'herbe ! » répond notre Doudgi national, avec son sourire coquin. J'adore. Enkhetuya explique que ces « herbes » sont des langues-de-loup et des *vancembrüü*, des plantes aquatiques symbolisant les lus, les esprits de l'eau. Les langues-de-loup sont utilisées pour soigner les rhumes, les grippes, les maladies de l'utérus. La posologie est d'en verser une cuillère à soupe dans un verre d'eau et d'en boire trois fois par jour pendant une semaine. Le *vancembrüü* s'utilise en poudre contre les problèmes de gorge, de cœur, de poumons. Il faut diluer la poudre dans un litre d'eau, laisser fermenter et boire.

Ce soir, pour apaiser l'esprit mécontent, Enkhetuya explique à la dame qu'elle va accomplir le Rituel du soleil. Elle attache alors des rubans blancs sur chaque touffe d'aiguilles de pin, place les branches et les offrandes sous ses ongod, et prépare des petits sachets d'encens...

— Ta formation, me dit Enkhetuya, va passer par l'apprentissage de tous ces rituels, de toutes ces potions et recettes magiques. Tout est important dans le rituel. Chaque geste, chaque objet, la façon d'attacher les rubans, le nombre, le lieu...

Autant de symboles, dont le principal intérêt semble être la portée psychologique qu'ils ont sur la personne venue consulter le chamane.

La dame et ses deux filles ont apporté des cadeaux pour Enkhetuya et les esprits. Des écharpes, des gâteaux, des bougies, des bonbons, de la vodka, des foulards et un gigot de mouton. C'est pendant la cuisson de ce dernier que la nouvelle tombe : mon initiation aura lieu le 6 septembre, neuvième jour du mois lunaire. Je demande pourquoi le neuvième jour du mois lunaire. C'est comme ça. Est-ce que mon tambour sera prêt ? Et mon costume ? Et le chapeau ? Enkhetuya sourit. Sans répondre. *Of course.* Je vais au bord du lac. Voir le soleil se vautrer. Comme moi. Je m'endors.

Un petit vent froid me réveille. La nuit tombe. Je marche vers la ger. La peur au ventre. Comme d'hab. J'entre. Enkhetuya me fait asseoir à côté d'elle. Avec un air très sérieux elle sort les os de la marmite, me tend un os, en prend un et me dit de manger. La dame

et ses filles nous regardent. Pas d'os pour elles ? Non.
Ce soir, c'est réservé aux chamanes. Des Mongols arrivent, puis des touristes israéliens. Ils viennent voir la cérémonie. Je compte. Vingt-quatre personnes dans la ger...

Les trois premières étoiles brillent dans le ciel. Assise à la droite d'Enkhetuya, je joue de la guimbarde. Laetitia me tient. Enkhetuya commence à jouer du tambour. Pas d'effets vibratoires pour l'instant. Le tambour est loin de moi. Il faudrait qu'il s'approche pour que je puisse « monter » sur le son. Peut-être que je résiste. La peur, toujours. Boum, boum, boum. Ça approche. Ça fait des ronds. Qui m'entourent. Contact. Bras. Épaules. Ça monte. Frappe la guimbarde. Frappe la tête. C'est bon la tête. Je suis dans le noir du son. Je vole dans un courant dense. Si dense. Noir. Deux présences. Un homme, une femme. On dirait. Moins précis que le jeune homme. Même expression. Ils rient. Tous les deux. On dirait qu'ils veulent me faire une farce. Envie de faire des sons. Les sons de ce qu'ils me disent. Et que je ne comprends pas. Je fais des sons. Jusqu'à ce que la pensée... La pensée. Tais-toi ! Tu me déstabilises. Laisse-moi voler. Frappe la tête. Frappe. Ma main secoue. Secoue. C'est bon. C'est ça qui me libère. Ce rythme d'un corps qui n'obéit plus à ma raison. Je plonge. Voilà. Flash. Je suis derrière. Derrière la porte. Silence. Immense. Pas peur ? Non. Plus de vertige. Et retour. Pas stable. Du côté du son. Plonger. Retourner là-bas. Dans ce monde où je dois te retrouver. Frappe. Concentre-toi. Concentre cette énergie qui te fait voler. Là. Voilà. J'avance dans le son. Dans l'énergie. Du loup. Je renifle. Une odeur ? Pas une odeur. Babines retroussées. Humer. Quelque chose de plus subtil. Mes naseaux reniflent. Mon corps renifle. Ressent. Quelque chose approche. Respiration ventilée. Accélérée. C'est ça. C'est là. Plusieurs présences. Je grogne. Je crache. Dans le son. Ça s'en va. J'avance. Sur ce chemin sans horizon. Renifler. Encore quelque chose. Pas bien. Forme pointue. Qu'il faut chasser. Cracher. Va-t'en ! Ma patte. Ma patte de loup se referme sur ses griffes. Puissantes. Incroyablement puissantes. Tu as peur. Tu traverses. Tu t'en vas. Et toi ? Tu es là ? Toi. La douceur de ton énergie est inscrite en moi comme une empreinte. Quelle que soit sa forme je la reconnais. Là. Dans ma patte. On essaie d'ouvrir ma patte. Celle qui contient ton énergie. Ils peuvent toujours essayer. Elle est fermée. Par une puissance infiniment douce. Infiniment ouverte. Sur toi. On ne peut pas ouvrir ce qui est déjà ouvert. Vous n'y arriverez pas ! Rire. Le tambour s'arrête. Le son me laisse tomber. Il a perdu sa densité. Atterrissage. Pas très précis. Je suis encore double. Le loup est toujours à ma place. Renifle. Cherche. Le son ? On approche un bol de ma patte. Attention ! Ma patte ne peut pas prendre ce bol. Désagréable. D'avoir loué mon corps au loup. Attendez un peu. Mes pattes nettoient. J'adore quand elles font ça. Quand elles te chassent. Le loup. Dégage. Je veux reprendre ma place. Je souris. Ça y est. Je commande mes doigts. Je suis chez moi. Je peux ouvrir les yeux. Laetitia me regarde. Observant mon retour. Elle sourit. Rassurée. Elle sait. C'est bien. Mon tuteur. J'aime bien qu'elle soit là. Cigarette. Thé. Retour à ma vie. Que j'aime.

— Je suis de nouveau passée derrière la porte !
— Qu'est-ce que tu as vu ?

183

— Toujours le silence, le grand vide, mais cette fois ça ne m'a pas fait peur. Je ne sais pas pourquoi.

— Peut-être que tu t'habitues !

— Peut-être. Mais le problème est que je ne suis pas stable. Comme si mon mental m'empêchait d'aller plus loin. Je crois qu'il a peur encore. De traverser. Ça paraît plus grand que de traverser l'Atlantique à la nage...

Les Israéliens s'en vont. Ils ont été très impressionnés par ma « performance », me dit Laetitia. « Tu as été flashée dans tous les sens ! » Je n'ai rien vu. Comme d'hab. Mais ce n'était pas moi dans le sourire qu'ils ont photographié. C'était le loup...

Je vais me coucher. Enkhetuya aussi. Elle semble fatiguée. Trop de monde dans la ger. Mon cœur palpite. Il ne bat pas, il vibre. Vite. Très vite. J'ai l'impression que son énergie n'est pas revenue. Elle a dû rester avec toi, là-bas, dans l'autre dimension. Je dois arriver à traverser. Peut-être que tu m'attends sur l'autre rive...

5 septembre

Le lac est bleu foncé. Le vent lui fait des rides, qui viennent s'échouer dans mes oreilles. Avec le cri de cet oiseau au-dessus de ma tête. Exactement le son d'un xylophone. Dans les aigus. Sons d'Afrique. Souvenir d'enfance. Je m'allonge sur le lit de petits cailloux gris. La peau de la terre se met à vibrer. Je la sens respirer. Mon dos posé sur son ventre, j'entre en elle, je deviens sa respiration. Qui s'étend. Qui se propage comme une onde à toute la surface de la terre. Et à vous, là-bas. Qui devez sentir cette respiration sous vos pieds. Bercés. Je suis là. Tout près. Est-ce que vous pensez à moi en cet instant ?

Norjmaa et une copine sont en train de courir derrière d'énormes yaks. Ils font des dégâts sur le linge qu'elles viennent de laver et d'étaler sur l'herbe. Un yak a fait une énorme bouse à côté d'un tee-shirt jaune, un autre mâchouille une jambe de pantalon, un autre boit l'eau savonneuse de la bassine de lavage... Elles les chassent à coups de pied pendant que l'appareil à cassettes posé dans l'herbe, hurle la chanson de *Djinjimaa,* le tube de l'été. Je file me planquer dans la ger. C'est gros ces bestioles.

Je prépare du thé. Un petit oiseau gris vient se poser près de moi. Je lui jette des miettes de biscuit. Il s'approche en sautillant. Pas farouche. C'est l'avantage des maisons à toit ouvrant. Enkhetuya a dit que ma cérémonie d'initiation était pour demain. Avec tambour et costume, que je n'ai toujours pas vus. Elle n'en parle pas. Je ne vois personne s'en occuper. Et ça ne sert à rien de poser des questions, on va me répondre un truc du genre : « Les choses arrivent quand on est prêt à les recevoir ! » C'est ça le problème d'ailleurs. Je me demande si je suis prête. Et comment je vais pouvoir, à la fois, jouer du tambour et entrer en transe. Autohypnose ? Peut-être. Mais alors je vais lâcher le tambour. Comme je lâche la guimbarde. Enkhetuya dit que les esprits ne parlent qu'aux « chamanes en costume ». Pas aux touristes comme moi, sans tambour ni trompette. C'est peut-être pour ça qu'ils ne me parlent pas...

Enkhetuya entre dans la ger, accompagnée de Laetitia, d'une dame et d'une jeune fille. La mère et la

185

fiancée d'un de ses élèves chamanes. La mère me fait de grands sourires. La jeune fille a l'air plus intimidé. Sympa en tout cas. Elle dépose dans une assiette une motte de crème fraîche tellement épaisse qu'on peut la découper au couteau. Je plonge. Trois tartines. C'est alors que Bahirhou entre avec un grand truc rond dans un sac en toile. Mon tambour ? Je regarde Laetitia. Elle ne sait pas. Sans rien dire, Bahirhou pose le sac sur un lit, va se servir un bol de thé au lait, puis discute, l'air de rien, avec la dame. C'est mon tambour ou pas mon tambour ?

Enkhetuya a la tête dans un coffre. Bahirhou est derrière elle. Il tient une pièce en bois de mélèze de la taille d'une main. En forme de poisson. Le centre est évidé et traversé par une barre de métal sur laquelle coulissent neuf anneaux de métal. C'est l'armature du battoir qui va frapper le tambour. À quoi servent les anneaux ? Les anneaux représentent les esprits de l'océan, dit Enkhetuya en sortant la tête du coffre. Elle tient un morceau de peau de chèvre sauvage, qu'elle donne à Bahirhou. Bahirhou assouplit la peau en l'étirant dans tous les sens, avant de l'ajuster sur la partie en bois. Le battoir présente maintenant un côté fourrure et un côté bois. Il me le tend. J'hésite à le prendre. Comme si ce geste représentait la signature d'un pacte secret. Voilà. Le battoir est dans ma main. Je suis émue. Enkhetuya, Bahirhou et Laetitia ne m'ont pas quittée des yeux. J'ai l'impression qu'eux aussi ressentent le poids de cette « signature ». Je le secoue. Les anneaux se mettent à tinter. Comme un appel à l'indulgence. Comme la sonnette d'une porte, qu'une pauvre chamane s'apprête à franchir...

Et le tambour ? Enkhetuya n'en parle pas. Le sac rond est toujours posé sur un des lits. Je n'ose pas poser de questions. Parce que ce n'est pas en posant des questions qu'on a des réponses, ici.

6 septembre

Extérieur : Jour. Dix heures.
Intérieur (de moi) : En attendant Godot...

Du sac rond Enkhetuya vient de sortir mon tambour. Laetitia et moi avons les yeux aussi ouverts qu'au premier matin de Noël. Elle le pose sur la table. J'approche. J'évalue. Quatre-vingts centimètres de diamètre sur vingt d'épaisseur. Il m'impressionne. Enkhetuya me regarde en souriant. Elle voit mon émotion. Elle me fait signe de le toucher, de le prendre ! Je pose ma main sur sa peau. Tout doucement. Comme pour l'apprivoiser. La peau est très tendue. Un peu rêche. Mon majeur la fait sonner. Boum. Vibration sourde. Qui se propage dans mon ventre. Stop ! crie Enkhetuya en riant. Au feutre rouge, elle trace une ligne sur tout le pourtour de mon vaisseau de psychonaute, puis dessine un truc sur la peau. Laetitia filme. Aussi émue que moi. Une patte, un sabot, une autre patte, un sabot, un cou, une tête, elle dessine une biche !

— La peau du tambour est en peau de biche. Une biche de trois ans. C'est son esprit que je représente sur le tambour.

— Et le bois de l'armature, c'est quoi ?

— Du bois de mélèze. Mais pas n'importe quelle partie de l'arbre...

— Quelle partie ?

— C'est un secret ! Seul l'artisan habilité à fabriquer les objets chamaniques le sait...

187

Silence. Quand je pense que le vaisseau qui va me permettre de changer de dimension n'est pas un engin de science-fiction plein d'électronique, mais un morceau de mélèze recouvert d'une peau de biche...

— Maintenant je vais lui donner son pouvoir, et l'associer au tien...

Enkhetuya se tourne vers le tambour. Elle commence à lui chanter sa mission...

> *Tambour !*
> *Rends hommage à Burxan tenger,*
> *Sois son cheval docile,*
> *Sois bon pour Corine,*
> *Sois généreux,*
> *Sois son cheval docile et agile,*
> *Que Corine soit prête à aider les gens,*
> *Qu'elle soit la messagère...*

Enkhetuya prend alors le tambour dans sa main gauche. Elle se tourne vers moi.

— Aujourd'hui, en te remettant ce tambour et la responsabilité de ses pouvoirs je fais de toi une vraie chamane. C'est ta deuxième année...

Les larmes aux yeux, j'attrape la barre transversale en bois qui permet de le tenir. Il est lourd ! Comment tenir ça pendant des heures ? Je le touche, je le retourne, je le secoue pour faire sonner les grelots de métal disposés à l'intérieur. Grelots dans lesquels les esprits doivent manifester leur présence. Ils sonnent en moi comme en lui. Au rythme de mes peurs, de mes joies. Je tape. J'apprends sa dimension sonore. La musique de son ventre de biche me répond. Grave et profonde. Elle va me conduire de l'autre côté. Je mets ma tête dedans. Tape encore. À la porte du son. Enkhetuya me l'enlève des mains en souriant. « C'est pas pour maintenant, la transe ! » Elle sait ce que je ressens. Accrochée au bord du plongeoir, j'ai envie de sauter. De passer. De découvrir par mes propres moyens ces dimensions auxquelles la transe me donne accès...

Doudgi occupe son après-midi à préparer des beignets de viande, les *khuushuur*. C'est la tradition. Aujourd'hui j'enterre ma vie de Parisienne pour épouser celle de chamane et ça se fête ! Ça me fait toujours bizarre. Que ce soit moi la chamane. Je vais installer mes ongod. C'est sérieux *tonight*. Puis je dispose les offrandes devant eux : du pain, des bonbons, des cigarettes, une bouteille de vodka. Avec le trac qui monte. Ce qui ne m'empêche pas, une fois assise autour du poêle avec les autres, de manger cinq khuushuur. Les meilleurs du monde, il faut dire. Doudgi est content. Une dame me tend une offrande ! Un billet de cinq cents tögrög sur un khadag, l'écharpe de soie. J'essuie mes mains pleines de gras de beignet, je porte le tout à mon front et la remercie, super-émue. C'est le premier don que je reçois en tant que chamane. Elle sourit. Au moins une qui a confiance. Mais comment je vais pouvoir l'aider ? Comment je vais pouvoir entrer en transe alors que c'est moi qui bats le rythme, comment je vais pouvoir tenir mon tambour, si lourd, savoir à quel moment arrêter la cérémonie, à quel moment revenir ? Est-ce que je vais revenir ? Pour le « retour », Doudgi me rassure en disant qu'ils vont me montrer un khuushuur et que je vais rappliquer illico ! Rires. Ils savent, ils sentent que je suis émue, que j'ai mal au ventre de trouille. Joli moment. Entre émotion et joie d'être ensemble pour vivre, pour partager. Enkhetuya dit que je devrai faire une autre cérémonie dans deux jours. Le 8 septembre. On est le 6 septembre. 6/8 : jour et mois de ta naissance...

Je sors. Encaisser ce « hasard ». Il faut que je voie le lac à l'heure où je peux me baigner dans le ciel. Il faut que je te parle. Le lac est d'huile. Serein. Comme je devrai l'être. Bientôt.

Sur le chemin de la ger, une trentaine de chèvres à l'odeur épouvantable viennent m'entourer. Je dois crier pour qu'elles me laissent un passage. Mais elles me suivent en braillant. Je cours, je pousse la porte de la ger. Non, je ne signerai pas d'autographes aujourd'hui ! Mes groupies repartent avec leur odeur. Déçues.

Dans la ger les bougies sont installées. Cinq. Ambiance de veillée. Laetitia est en train de changer les piles de sa lampe frontale. Une Jeep arrive. Enkhetuya sort. Puis revient. Elle me dit que cinq de ses amis sont là, ils aimeraient bien assister à la cérémonie... Les nouvelles vont vite ici ! Et alors ? Alors tu es d'accord ? Pourquoi, c'est moi qui décide ? C'est ta cérémonie ! Silence. J'hésite. Après tout, c'est le jeu. D'accord. Enkhetuya sourit. Elle fait entrer ses amis mongols, leur dit de s'installer sur la gauche en entrant. Puis toute la famille débarque ! Baba, Bahirhou, Uurzaikh, Norjmaa, la dame et sa fille puis Doudgi. Ils sont tous venus m'encourager. J'ai envie de pleurer. Norjmaa commence à enflammer des branches d'encens. Mon rythme cardiaque est dans les starting-blocks. Je suis encore en train de me demander comment ça va pouvoir marcher si c'est moi qui joue du tambour. Je vais battre le rythme et puis rien ne va se passer. Ils vont tous être déçus. Je fume ma pipe. La magique, que j'ai fabriquée en Amazonie. Ça me calme. Jusqu'à ce que Enkhetuya me dise de m'asseoir devant mes ongod. C'est parti. Les assistants, Bahirhou et Baba s'approchent de moi. Ils me font signe d'allonger les jambes. J'ai l'impression d'être une astronaute qu'on aide à enfiler sa combinaison. Ils enlèvent mes chaussures, enfilent mes bottes de chamane, me relèvent, me font étendre les bras pour mettre le costume qu'ils viennent de passer dans la fumée d'encens, me retournent, serrent les cordons de fermeture. Trop fort ! J'étouffe. Je desserre. Baba adapte le chapeau autour de ma tête. Il n'a qu'une seule plume, prélevée sur celui d'Enkhetuya, vu qu'ils n'ont pas pu chasser de soïr. Une seule plume pour voler. Inquiétant. Trop haut le chapeau ! Je le descends. Les franges de tissu cachent mes yeux. Elles m'empêcheront de voir les « mauvais » mondes que je suis censée traverser. Voilà. Il paraît que je suis prête. Silence dans le tipi. Celui qui précède un concert. Quand tout le monde a fini de tousser.

Doudgi passe mon tambour dans la fumée d'encens. Tape trois coups. Le spectacle commence. Il me le tend. Mon vaisseau. Toujours aussi lourd. Je serre la barre transversale dans ma main gauche. Je serre ma peur. Au centre. Des petites encoches ont été taillées sur la barre, pour l'emplacement des doigts. Voilà. Je le secoue pour le faire cliqueter. C'est dans le son des grelots que les esprits vont se manifester. Qu'ils vont passer de l'invisible au sonore. Je le soupèse. Je l'enfile. Mon épaule s'adapte à son poids. En place. Doudgi me tend le battoir. Main droite. Je le fais glisser dans ma main, je le retourne pour qu'il trouve sa place. Les assistants s'éloignent. Je me retrouve seule. Sur la piste de cet espace matérialisé par la fumée d'encens. Aire de décollage. Je suis prête.

Le tambour tenu comme un bouclier, je frappe deux petits coups. J'écoute. La direction du son que je dois suivre. Je n'ose pas plonger. Enkhetuya se met alors derrière moi, pose sa main sur la mienne, celle qui tient le battoir, et m'indique la fréquence du rythme en chantant les phrases d'un rituel de décollage. Contact. Le son monte dans mon bras droit. Il frappe. Enkhetuya s'éloigne. Le rythme est là. Il me guide. Il m'emporte. Dans l'intérieur de moi. Un univers s'ouvre. Comme un lever de soleil. Je glisse. La tête dans le tambour. Je voyage. Je tourne. Dans la spirale du son. Dans le noir. Et je la passe. La porte du son. Silence. J'avance. Je commence la traversée du monde sans fond. Le loup est là. Il me regarde. Il me regarde. Fort. Son cri dans ma gorge. Je renifle. Je crie son cri. Si fort. Il m'appelle. La source. Il donne son rythme à mes cellules. Qui éclatent en formant son image. Je suis un loup. Sa force est en moi. Infinie. Elle avance. Plus loin. Plus fort. Mes griffes se resserrent. Je tourne. Je renifle. Je crache. Là. C'est là. Lancer le battoir. Direction à percer. Fort. Silence. J'écoute. Les grelots. Les esprits sur ma tête. Petits cris. Je pousse des petits cris aigus. Le battoir revient dans ma main. Le son aussi ! Je suis repassée de l'autre côté de la porte. Tourne. Tape. Frappe le tambour. Tombe. Tourner. Tourner. Suivre le son en spirale. Le suivre avec le tambour. Renifler. Là. C'est là. Une présence à faire fuir. Pas bonne. Je souffle. Je crache. Montrer les crocs. Chasser. Grogner. Pour la faire fuir. La chose. Voilà. Elle fuit. On m'attrape. On m'attrape ! On m'assoit. Dans le son de la guimbarde. Le son du retour. Signal d'atterrissage. J'ouvre les yeux. Je vois les yeux d'Enkhetuya. Elle joue de la guimbarde derrière les franges de mon chapeau. Je renifle. Encore. Le loup est toujours là.

Joue encore. Ramène-moi. Enkhetuya me tend la guimbarde. Je joue. Voilà. En douceur. Posée dans les marguerites. Les assistants m'entourent. Ils déshabillent la psychonaute. Bottes, costume, chapeau. J'ai froid. Ils m'enfilent le del. Cigarette. Thé. Retour dans le monde où le corps fait mal. J'ai mal au nez ! Un coup sur l'aile droite. Impossible de savoir ce que j'ai fait. Ça lance. Je me frotte le nez en faisant la grimace. Tout le monde rigole. « C'est un coup de tambour, dit Enkhetuya, tu avais toujours la tête dedans ! » Elle me demande si j'ai ressenti une présence néfaste pendant la transe.

— Oui ! Je l'ai même chassée. Pourquoi ?

— Pendant la cérémonie un jeune Mongol est sorti de la ger. C'est son énergie que tu as chassée ?

— Je ne sais pas, moi !

En tout cas, le jeune homme est toujours dehors. Enkhetuya lui a interdit l'entrée. Elle va le chercher. Un jeune garçon entre. Un ado. Enkhetuya lui dit de se mettre à genoux devant moi. Elle l'engueule : « Tu portes la malédiction sur toi ! » Il est au bord des larmes. Enkhetuya prend alors ma main droite et la pose sur sa tête. Trois fois. Voilà. Il dit « Bahirlai », merci, et va s'asseoir plus loin. Ma première victime. Peut-être qu'il avait juste un besoin naturel à assouvir. Bahirhou frotte sa tête en me regardant. Il me fait comprendre que c'est sur lui que j'ai jeté le battoir. Ma deuxième victime.

— Qu'est-ce que ça veut dire quand une personne reçoit le battoir ?

— Ça veut dire que les esprits veulent entrer en contact avec cette personne, dit Enkhetuya, ou que quelqu'un a été désigné...

— Désigné pour quoi faire ? demande la benête.

— Pour être ton mari ! répond l'encan, vautré de rire. Une chamane doit avoir un mari mongol comme assistant !

Laetitia rit autant que les autres. Traître. Il est temps de passer à la vodka. Je prends la bouteille des offrandes, Enkhetuya sort un petit verre en cristal rouge d'un coffre. Elle remplit le verre à ras bord et me le tend avec un billet de cinq cents tögrög. Pour moi ? Je vais devenir riche. Enkhetuya me fait signe de boire. Que la fête commence !

— Fais voir tes dents, me demande Laetitia.

— Pourquoi tu veux voir mes dents ?

— Fais voir, c'est tout !

J'exhibe.

— Alors ? C'est grave ?

— Non. Elles sont normales...

— Ben oui, elles sont normales ! Qu'est-ce que t'as avec mes dents !

— Pendant la cérémonie, tu as montré les dents à Bahirhou et ça lui a fait très peur !

Bahirhou confirme. Il dit que mes dents étaient énormes, qu'il les a vues briller entre les franges de mon chapeau, prêtes à mordre. Tout le monde rit. Les discussions s'animent. Enkhetuya dit qu'elle a vu trois ongod me « visiter ». Plus un oiseau. Je me demande si j'ai vu un oiseau. Je sais que j'ai poussé des petits cris aigus. C'était peut-être ça ? Elle dit que j'ai mis mes doigts en forme de serre. Je crois que c'était plutôt la patte du loup, pas des serres. Laetitia confirme : « Tu avais les babines qui se retroussaient en même temps que tu faisais ça avec la main. Un oiseau ne retrousse pas les babines ! » *Of course.* Quand je pense que c'est de moi qu'on parle. Je ris. Laetitia a capté. Elle se met à rire en me disant qu'elle est grillée si je répète cette conversation hallucinante aux instances scientifiques.

— J'ai commencé la traversée du monde silencieux, tu sais !

— La traversée du monde qui est derrière la porte du son ? Tu as réussi à te stabiliser alors ?

— Oui. C'est là qu'était le loup. Sa tête. Il me parlait. Mais pas en son. C'était comme si je captais ses pensées...

— En tout cas tu as répondu parce que tu t'es mise à hurler comme un loup. C'était tellement fort que ça m'a fait pleurer... Je ne pouvais plus filmer !

Silence. Je suis émue.

— Te voilà chamane confirmée !

Bahirhou me tend le petit verre de vodka. Je bois une gorgée. Je le passe à Laetitia. Chamane confirmée ou pas, tout ce qui m'intéresse est de savoir que j'ai maintenant un vaisseau sur lequel je peux embarquer pour aller explorer le monde. L'autre. L'invisible. Enkhetuya dit que de ses cinq élèves je suis la plus avancée, que dans trois ans je serai une très bonne chamane, et plus tard, beaucoup plus tard, une grande chamane ! Je n'arrive pas à comprendre pourquoi le son a un tel effet sur moi. C'est irrésistible. Et désagréable en même temps, de savoir qu'un son peut me faire perdre le contrôle...

— C'est vraiment étonnant, dit Laetitia. Bien que tu ne sois pas de culture mongole, plus tu avances dans les transes et plus ton comportement, tes gestes, tes visions des animaux sont similaires à ceux des chamanes dont j'ai vu et étudié les rituels...

— Ça te rapproche de l'idée que la transe serait un phénomène universel propre à l'espèce humaine plutôt qu'un phénomène culturel ?

— Étant donné que tu n'as aucune culture ou croyance mongole, tu en serais la preuve ! Comment pourrais-tu faire les mêmes gestes, avoir les mêmes visions que les chamanes mongols, si la transe ne te connectait pas à une sorte de connaissance non consciente, mais commune aux chamanes ? Une connaissance qui dépasse le cadre culturel...

— Est-ce que ce phénomène d'universalité des transes et des visions ne toucherait pas le fondement même des systèmes de croyances ?

— C'est la grande question...

Enkhetuya se couche. C'est toujours comme ça, ici. On est fatigué, on se couche, on dort. Même avec une fête au milieu de la ger.

Quelques discussions plus tard, tout le monde s'installe pour dormir. Il reste huit personnes. Cinq sur les lits et trois par terre. J'ai droit à un lit, ce soir. Les bougies sont soufflées. La fumée que dégagent les mèches réveille mon nez. Et moi. Impossible de m'endormir. Pire. Il faut que je sorte. Que j'aille faire ce que j'ai à faire. La nuit m'appelle. Moi. Moi qui ai toujours eu peur de la nuit. J'ouvre la fermeture Éclair de mon sac de couchage. Il fait noir dans la ger. Ça ronfle. Tout le monde dort, on dirait. Les mains en avant, je tâte, j'enjambe, je cogne, oh pardon ! Ça remue. Plus qu'à trouver la porte.

Dehors, le ciel est une pluie d'étoiles. Un monde bavard dont les paroles se seraient transformées en lumières. Je fais quelques pas. L'Étoile polaire est au-dessus de ma tête. Et ça commence. Le besoin de faire des gestes. De répondre aux paroles des étoiles. Les pieds dans la terre, à l'aplomb des hanches, les mouvements viennent tout seuls. Lents. Rapides. Mon corps ressent son centre. Son poids passe d'une jambe à l'autre sans jamais que les pieds décollent du sol. Enracinés. J'ai l'impression tout à coup de connaître ces gestes. Ma mémoire ne fait que les restituer. Là où je les ai laissés la dernière fois. Stable. Je suis stable. Entre la terre et le ciel. L'énergie arrive. Qui fait sentir mon corps si petit. Si liquide. Il se fond dans l'air. Tellement insignifiant. Comparé à cette énergie. Les outrages qu'il subit peuvent disparaître sous son contrôle. Cette énergie est plus forte que tout ce qui peut gêner mon corps. Évidence d'une différence de proportion. Dont je prends conscience. Dans un souffle. C'est sans doute ce que Enkhetuya veut dire quand elle parle de *l'enseignement des esprits*. C'est recevoir ces évidences. Non lues. Non apprises. Mais ressenties. La danse continue. J'ouvre mes poumons. J'ouvre la voie. La mienne. Je sais qu'elle est là. Derrière ces gestes, qui me racontent ce que je suis. Ma place dans l'univers. C'est la première fois de ma vie que j'ai l'impression de « participer » à cet univers. D'y avoir un rôle. Je fais ces gestes parce que je dois les faire. Avec la certitude qu'ils équilibrent je ne sais pas quoi encore, entre le ciel et la terre. Étrange. Et puis ça s'arrête. Je ne bouge plus. Débranchée. Impossible de savoir le temps que tout ça a pris. Je rentre. Je passe sur les corps endormis.

Retour dans mon sac de couchage. Je ferme les yeux. Le loup ! Il est là. Sa tête énorme devant moi. Moins précis que pendant la transe. Il me fixe. De ses yeux en fente, part une lumière. Quelque chose se transforme en moi. Les ailes de mon nez palpitent. Et mes yeux. Mes yeux changent de forme. Ils deviennent une fente. Dont part la même lumière que celle du loup.

Une force lumineuse. Qui me fait « voir ». Mais pas voir. Vision perceptive. Cette lumière sait. Elle ressent. De la chaleur. Autour du cou de Laetitia. C'est là. Rouge. Ça l'étrangle. Je regarde ce rouge qui l'étouffe. Je peux le faire fondre. Le refroidir. Le rouge disparaît. Et puis revient. La lumière dans mon regard se tourne vers Bahirhou. La chaleur est autour de son ventre et de ses reins. Stop. Trop fatigant. Le sommeil arrive. Comme une chape chargée de me faire sombrer dans l'oubli. De quelque chose de bien trop puissant pour moi. Je sombre. En sachant ce que veut dire *les esprits te guideront*. Apaisée. Pour l'instant. D'avoir fait un premier pas sur ce continent inconnu, dont chaque rive annonce une surprise. Je suis dedans. Ça y est. Prise au jeu de ma piste. Impossible de reculer. Impossible de résister à ce sommeil. Il appuie sur ma tête. Il me tire vers mon corps. Rire. Demain ce corps va me rattraper. Dernière pensée.

4.

Je me lève à l'aube. En super-forme. Souple. Très souple. Tout le monde dort. Je vais chercher de l'eau au lac. Le soleil m'accueille. L'énorme disque rouge sort des arbres à la gauche du lac pour mettre un filtre orange sur tout le paysage. À la vie. Les galets scintillent au fond de l'eau. Le clapotis les caresse avec une douceur infinie, les faisant chanter entre eux comme un chœur terrestre. Chaque chose a sa musique. Révélée par l'instrumentiste qui les fait jouer. Je tombe à genoux devant une telle harmonie. Et je sens la couleur du soleil monter en moi. Osmose. Tous mes capteurs aspirent. Jusqu'à ce que mes yeux irradient cette lumière. Feu doux. Je n'ai plus qu'à poser mon index sur la surface du lac pour que son empreinte ouvre la porte de l'autre dimension. Là où l'extérieur et l'intérieur se rejoignent...

Retour à la ger, mon bidon et moi remplis d'eau de soleil. Enkhetuya me regarde entrer. Échange de sourires. Ceux qui racontent la vie intérieure. Ceux qui disent ce qu'on vient de découvrir. « Sain ! » dit-elle. Pouce en l'air.

— Demain tu dois faire encore une cérémonie. Je la ferai avec toi.

— On sera deux à jouer du tambour !

— Oui, et ton enseignement sera terminé pour cette année.

— Et après ?

— Un chauffeur est passé hier. Il rentre à Ulan Bator. Je lui ai demandé de vous ramener. Il viendra vous chercher à huit heures. Ça fait combien de jours maintenant qu'on vit ensemble ?

— Pourquoi ? Ça fait trop longtemps ? articulé-je, l'air inquiet.

— Saiiiin ! répond Enkhetuya en éclatant de rire.

Tout part toujours en rigolade, ici. La vie est simple. Simple de passer du dimanche au lundi. Du jour au lendemain. Quand on poursuit son chemin. Quand on n'a plus de doutes. Oui mais j'ai mal au nez à cause d'une collision avec un esprit, et un énorme bleu violet sur le côté interne du poignet, alors l'idée de recommencer une cérémonie demain... Remarque, la douleur disparaît pendant la transe. C'est bien, cette dimension. Sauf qu'après c'est pire. Pire après la vie. Quand on réalise qu'on n'a pas compris ce qu'on y faisait.

Je pars à la recherche d'une clairière. Au fil des arbres, je finis par trouver un tapis d'herbe ensoleillée entouré de mélèzes. C'est sûrement là que les lapins se réunissent les nuits de pleine lune. Je m'allonge. Le lac scintille au travers des arbres. Il m'envoie son chant mêlé à celui du vent. Double chant. Comme un chant diphonique. Des sons de la nature, naissent les traditions musicales. Il fait hyper-chaud. Quand je pense qu'il y a dix jours à peine, on a failli mourir de froid. J'enlève le haut. Huile de bronzage sur la figure. Des mouches se posent sur moi. Je les chasse. Elles reviennent. Je m'énerve. Elles reviennent. Je laisse faire. De toute façon il n'y a jamais plus de trois ou quatre mouches à la fois. Ça va. Leurs petites pattes courent sur ma peau. C'est comme un massage. Subtil. J'ai soudain l'impression qu'elles me soignent, qu'elles savent exactement où se poser pour me détendre. Avec sa petite trompe une mouche prend mon pouls. C'est grave, docteur ? J'en voudrais une sur mon omoplate gauche. Ça gratte. Il n'y a pas d'écureuils aujourd'hui. Trop de vent dans les branches. Qu'est-ce que je vais faire de la transe ? Je me promène dans le son, je me transforme en loup, je vois des animaux, des personnages dont je ne comprends pas le langage. À quoi ça sert ? Si au moins je trouvais le monde qui donne les solutions. Ça sent l'herbe et le mélèze. C'est peut-être la mouche qui a donné à l'humain l'idée du massage. Je voudrais bien connaître l'animal qui lui a donné l'idée d'être aussi con.

8 septembre

Cette nuit une souris a sauté sur ma tête. Puis sur celle des autres, puis sur le bidon. Elle s'est noyée. Plus d'avenir. Plus le même en tout cas. Enkhetuya est en train de sortir les cailloux de divination de leur petit sac de toile rose. Elle me demande d'approcher.

— Si tu as les cailloux, tu n'as pas besoin du miroir. Tu demandes l'année de naissance de la personne, tu la chuchotes aux cailloux et les cailloux vont te dire l'avenir de la personne. Sur les quarante et un cailloux, tu dois en mettre neuf dans ta main et leur dire l'année de naissance de la personne pour laquelle tu dois dire l'avenir. Après ça il faut former trois lignes de trois paquets et retirer deux cailloux des paquets de trois ou de quatre. La ligne du haut indique la situation générale de la personne, la ligne centrale, le travail, la vie, le destin ; et la ligne du bas, les pas, la trace du chemin à suivre...

— On peut vraiment voir tout ça dans des cailloux ?

— Oui !

— Je ne comprends pas comment on peut y arriver...

— Je t'apprendrai l'année prochaine. En attendant je vais demander ton avenir aux cailloux.

— Ah non alors ! Je ne veux pas savoir. Et puis je le connais, mon avenir. Je vais devenir ce que je suis...

Laetitia traduit. Enkhetuya rit. En me demandant mon année de naissance parce qu'elle veut absolument lire mon avenir dans les cailloux. Compromis : je veux bien qu'elle demande aux cailloux mais elle ne devra pas me dire ce qu'ils ont dit. Et au cas où, je donne l'ordre à Laetitia de ne pas traduire. Enkhetuya accepte. Elle chuchote alors mon année de naissance aux cailloux, elle fait des petits tas, des lignes, un carré. Elle observe en opinant de la tête. Je la regarde. Puis elle parle. J'écoute mon futur. Sans rien comprendre. C'est drôle. Pour une fois que j'ai des réponses, je ne veux pas les entendre. Voilà. Elle a fini. Laetitia se tourne vers moi.

— Il faut quand même que je te dise un truc. Juste un...

— Si c'est une mauvaise nouvelle, c'est pas la peine !

— C'est pas une mauvaise nouvelle. Pas une bonne non plus.

— Alors j'ai pas besoin de savoir...

— Si, si, tu dois savoir. Les cailloux disent que tu dois lâcher.

— Lâcher quoi ?

202

— Lâcher la personne que tu recherches...

Si c'était pour me dire ça, *no comment*. Mais il n'est pas question que je te lâche.

Je pars mettre mon tambour au-dessus du poêle. Sa peau va se tendre lentement jusqu'à ce soir. Laetitia me dit que je risque d'avoir un problème à la douane avec ce tambour. « Ils ne vont jamais croire que tu es chamane, que c'est ton tambour et, comme tous les objets chamaniques sont patrimoine national, ils risquent de te le confisquer. » Mon tambour ? Elle discute avec Enkhetuya. Toutes les deux décident que Enkhetuya doit me faire un mot. Je me vois mal présenter un mot d'excuse à un douanier, mais soit, c'est peut-être mieux que rien. J'arrache une page de mon cahier de brouillon. Enkhetuya s'installe à la table, consciente de l'importance de ce qu'elle va écrire. Elle s'applique. Elle ne veut pas qu'on m'enlève mon tambour. On discute du contenu du mot. Qui finit comme suit : « *Moi, Enkhetuya, chamane, confirme que Corine Sombrun est mon élève et que le tambour qui l'accompagne est son tambour de chamane...* » Elle signe. J'ai les larmes aux yeux. C'est la première fois que mon coach écrit ce que je suis. Tout d'un coup ça devient vrai. Comme si les écrits étaient une preuve ! J'essuie sur ma joue les preuves de ma bêtise pour aller installer mes ongod. Puis je sors.

Le lac a mis tous ses dégradés de bleu. Jusqu'à l'horizon. Au moment où j'arrive sur la berge, j'aperçois un petit écureuil noir allongé de tout son long, sur le ventre. Il est en train de boire. Du bout des sabots un yak arrive derrière lui pour lui renifler la queue ! L'écureuil se sauve en courant. Je ris. C'est à moi maintenant de me vautrer sur le ventre. À distance du yak. J'ai moins d'appréhension pour ce soir. C'est peut-être l'envie de découvrir l'autre berge de mon continent. Je dois arriver à traverser. Et puis Enkhetuya va m'accompagner. Me guider. J'ai toujours le cœur en vrille. Arythmie totale. Deux petits oiseaux viennent boire à côté de moi. Ils me prennent tous pour Blanche-Neige ou quoi !

Enkhetuya est en chaussettes devant le feu. De vieilles chaussettes grises trouées. Je regarde les chaussettes. Elle intercepte mon regard. Et me dit que si je veux, elle peut me les donner en souvenir ! Éclats de rire. Elle prépare des petits paquets d'encens pour la cérémonie, puis me montre comment tenir mon tambour pour éviter de me faire des bleus. Le bord contre l'intérieur de l'épaule. Comme un fusil. Oui, mais comment je vais pouvoir mettre la tête dedans si je le tiens comme ça ? Arrête les questions. Tu sais bien que tout se passe toujours comme tu ne l'as justement pas prévu. Je suis fatiguée. J'ai envie de vomir. Pas de force. Je regarde une bougie. Sa flamme vacille sous l'effet d'une force invisible. Peut-être que je suis une bougie. Sensible à l'invisible.

Une dizaine de Mongols arrivent pour assister à la cérémonie. La soupe est servie. Pâtes, viande, patates. Le son de la ger change. Tout le monde suce la soupe. J'en fais autant. Et je me brûle la lèvre. Comment font-ils pour manger si brûlant ! Puis les hommes jouent aux cartes, Norjmaa enlève les cheveux blancs d'Enkhetuya à la pince à épiler, Laetitia vérifie les batteries de sa caméra, je stresse...

C'est l'heure. Enkhetuya est en phase d'habillage. On me dit d'attendre. Le silence s'installe. C'est mon tour. Norjmaa fait brûler l'encens. La fumée arrive.

Comme une odeur magique qui ferait pousser mes poils de loup. J'inspire. Odeur-espace. Espace-temps qui fond dans mon nez, dans ma gorge, dans mes poumons. Pour révéler ma nuit. L'envers de moi. C'est ça. Dans cet espace je suis réversible. Envers, endroit, envers, endroit. Ma pensée oscille. Disparaît, apparaît, apparaît, disparaît. Elle souffre. Pas stable. Comme un miroir tournant sur lui-même. Reflétant les deux dimensions. Enkhetuya commence à battre le rythme sur son tambour. Le son m'emporte. Me gêne. Je mets la tête dans mon tambour. Concentration. Frappe. Frappe plus fort. Je m'envole. Je tourne dans la spirale du son. Frappe. Tourne. La porte m'attire. Me tire. Je suis avec Enkhetuya. Elle me rejoint sur ma route du son. Tambours à l'unisson. Voilà. Passée. Plus de rythme. Je suis lancée dans le grand noir. Moteur coupé. Derrière le son. J'avance. Stable. Sur ma lancée. Il arrive. Le loup. Il prend sa place. Dans mon noir. Têtard de lumière. J'avance. Un cheval. Un cheval est là. Il me fait hennir. Taper du sabot. Il passe comme une image, sur le côté de l'œil. Un hibou maintenant ! Il me regarde. Blanc sur fond noir. J'avance. Ça vibre dans mon cœur. Dans ma gorge. Fort. Une biche avance son museau près du mien. Je renifle. C'est doux. Très doux. Les grelots de ma tête se mettent à parler. Tinter. Aigu. Tout doux. Un triangle au loin. J'avance. J'approche. Sa pointe passe au-dessus de ma tête. Je suis dans le triangle. C'est une montagne. Le cœur de la montagne. Le cœur du silence. Tu n'es pas là. C'est lui qui est là. Bonjour, vieux monsieur. C'est ta maison ? Je te reconnais. C'est toi. C'est toi mon moi. Celui qui sait. Toi mon maître. « Tu » me regardes. « Tu » qui es moi. Je le sais. L'autre moi, celui qui sait. Tu souris. « Je » ne comprends pas ce que

« tu » dis. Je ne comprends pas ce que « je » dis. Rire.
Je ne peux pas comprendre. Pas encore. Trop tôt. Je
sais juste que tu es là, maintenant. C'est tout. Le son
du tambour ! Il revient. Je frappe. Je m'arrête. Je renifle. C'est par là. Marcher par là. Dans ce sens. Qui n'a
plus le même sens. Juste celui d'une odeur sans odeur.
Une odeur d'énergie. Douce. Très douce. Elle fait sonner les grelots de ma patte. Sourire. Éclat de joie. Là !
Une autre odeur. Crache. Chasser celle-là. Frapper le
tambour. Sauter. Chasser. Va-t'en ! On me retient. Je
ne peux pas frapper. Cette énergie. Il faut que je la
chasse. On m'en empêêêêche ! ! ! On m'oblige à aller
dans la mauvaise direction. Tenue par mon dos. Dents
qui grognent. Frapper. La tête dans le tambour. Plonger
dans le son. Intensif. Régulier. Implacable. Mon bras
s'envole. On m'arrache le tambour ! Brutal. Atterrissage brutal. Je renifle. On me déshabille. Je mords.
Ceux qui me déshabillent. Le loup est encore là. Chasser le loup. Reprendre ma place. Difficile. Mes pattes
nettoient. Chassent son énergie. Tirent mon visage.
Effacent la truffe. Mon nez. Il est là. Je le pince du
bout de mes doigts comme un sculpteur transformerait
le nez de sa sculpture. Des rires. J'entends des rires.
Je suis fatiguée. Dormir. Je dors. Quelqu'un me tape
sur l'épaule. J'ai sommeil. Mal au pouce. Côté externe.
Laetitia m'appelle ? J'ouvre les yeux. Enkhetuya est
assise en tailleur à côté de moi. En silence.

Laetitia me demande comment je vais. Pas terrible.
Fatiguée. Elle me raconte que j'ai encore fait très peur
à Bahirhou ce soir. Que je me suis précipitée toutes
dents dehors vers le lit sur lequel lui et d'autres Mongols étaient assis. Tout le monde s'est poussé, mais lui
a piqué un sprint. Échaudé par la dernière fois. On se
demande pourquoi c'est toujours lui que « j'attaque ».

Enkhetuya dit qu'il y a sans doute une mauvaise énergie sur lui. Et que je la chasse. Heureusement que Baba me tenait solidement. Il a l'air épuisé.

— Lorsque vous serez de retour en France, dit Enkhetuya, c'est Laetitia qui deviendra ton assistante. Elle devra être très musclée pour t'empêcher d'aller mordre toutes les énergies qui ne te plairont pas !

— Je lui mettrai une muselière ! répond Laetitia.

Rires. Il paraît qu'il m'arrive de tomber d'un coup. De tout mon long. Je ne m'en souviens pas. C'est pour ça qu'il faut un assistant. Il n'y a plus d'obstacles dans ce monde. Plus de peurs. Juste des énergies qui enfoncent leurs doigts dans mes entrailles. Pour les obliger à toucher l'invisible...

Je raconte à Laetitia ce que j'ai vu et ressenti, je lui dis que j'ai réussi à traverser, que j'ai trouvé le vieux monsieur. Elle traduit. Enkhetuya écoute, réfléchit et continue de dire que je vais devenir une grande chamane...

Qu'est-ce que ça veut dire ? Qu'est-ce qu'elle voit que je ne vois pas ?

5.

Extérieur : Jour. La fin du voyage.
Intérieur (de moi) : Walk on the wild side...

Enkhetuya emballe mes affaires : ongod, costume, tambour. Avec les instructions.

— À partir de maintenant tu devras « chamaniser » chaque mois, le neuvième jour du mois lunaire.

— À Paris ?

— Oui. Il faudra trouver un endroit pour faire le rituel, installer tes ongod, faire les offrandes. Si tu fais ça bien, Burxan t'aidera et tu pourras aider les gens. Chez moi, beaucoup de gens viennent. Mais de novembre à avril tu ne devras pas faire de cérémonie parce que c'est la période de froid, les esprits se reposent...

— Mais à Paris il fait moins froid qu'en Mongolie. Les esprits se reposent quand même ?

— Tu feras comme tu le sentiras. Les esprits t'enseigneront...

Ça, je l'ai bien mérité. Je sais pourtant qu'il ne faut pas poser de questions. Ce qui ne résout pas mon problème. Je ne me vois pas du tout faire une cérémonie à Paris. Les voisins vont m'envoyer les flics et les flics vont m'envoyer à l'asile.

— Tu dois revenir trois mois l'année prochaine, continue Enkhetuya. On apprendra les rituels des lus savdag et des rivières. On fera jaillir de l'eau là où il n'y a pas d'eau, on fera des ovoos là où il en faudra, on apprendra à orner un arbre, à adresser des demandes à Burxan, on fera les rituels qui réparent les malheurs, les rituels qui protègent, on apprendra à faire neiger, à faire pleuvoir...

Qu'est-ce que je vais faire de tout ça ? Est-ce qu'un jour les réponses vont s'imposer, comme on sait qu'on est amoureux ? Toujours des questions. Je ne peux pas m'en empêcher. Tout ce que je sais, c'est qu'il faut attendre. Que ce soit le moment. C'est ça le pire. Attendre. Je vais réfléchir. Non. Pas réfléchir. Surtout pas. Les réponses de la vie ne s'apprennent pas. Elles s'imposent. Comme celles de la mort. La questionner c'est s'inquiéter d'autre chose que de l'instant. C'est être en dehors de la vie. Et c'est perdre son temps puisque la réponse arrive forcément...

— L'an prochain ton Burxan tenger va venir te voir. Tu seras en mesure de discuter avec lui. Il faudra lui témoigner beaucoup de respect. Et tout ira bien. C'est lui qui t'indiquera tout ce qu'il faut faire. Ça s'approfondira tout seul !

— Laetitia sera donc mon assistante à Paris ?

— Laetitia sera ton *tüshig*, l'assistant qui tient le chamane pour ne pas qu'il tombe ou qu'il se fasse mal, l'assistant qui connaît bien le rituel et veille à ce qu'il soit bien respecté. Mais ton mari devra faire le reste. Brûler l'encens, envoyer le lait aux esprits, t'habiller. Il faut aussi qu'il connaisse bien les rituels...

— C'est obligatoire le mari ?

— C'est mieux, mais tu peux faire à ta propre façon, à ta manière française. Mon rôle est de t'apprendre à t'adresser aux esprits, à te préparer, mais après tu devras te débrouiller, je ne serai plus à tes côtés, tu devras apprendre à écouter ta propre connaissance...

Ce qui veut dire ? Me connecter au vieux monsieur ? Comment ? Est-ce que la transe doit et peut me conduire à lui ? Est-ce que la puissance que j'ai ressentie dans cet état ne risque pas de faire exploser ma raison ? Est-ce que je vais avoir la force de rester en équilibre ? Je dois pourtant arriver à t'écouter, vieux monsieur. C'est toi mon maître. C'est moi mon maître. Enkhetuya n'est qu'un guide. Elle m'a montré un chemin. À moi maintenant de le parcourir. À moi d'en trouver la destination. C'est pour ça qu'elle ne peut pas répondre à mes questions. Je suis la seule à pouvoir y répondre. Le comprendre est peut-être le fondement de l'initiation. En tout cas ça demande vraiment un effort de devenir ce qu'on est. De réussir cette vie. Le chauffeur arrive. Il est super-pressé. Il a déjà chargé nos sacs dans la voiture et nous fait signe de monter. Ça évite les adieux. J'embrasse tout le monde. Même si ça ne se fait pas ici. Je pleure. Et Laetitia aussi. Et Enkhetuya aussi. Même si ça ne se fait pas ici. Pourquoi faut-il toujours quitter quelque chose ?

Enkhetuya jette du lait sur la voiture pour que nous fassions un bon voyage. Le chauffeur râle. Ça salit sa voiture. Nous montons. Les portes claquent. Le chauffeur vérifie ses rétroviseurs. Il pousse la cassette dans l'appareil. La musique démarre. Nous aussi. Signes de main. Voilà. Plus qu'à tourner la page. En tirant les leçons de ce qui a été écrit. Le lac s'éloigne. Je pleure contre mon tambour. Je pense. Finalement ce n'est pas toi que j'ai trouvé à ce jeu de cache-cache. C'est moi.

C'était ça qu'il fallait comprendre ? Que de toute façon tu es en moi, et que la seule façon de te retrouver était de me retrouver. Bizarre impression. Que tout est dans tout. Et qu'il suffit de découvrir son tout pour se connecter à tous les autres.

Nous montons dans la montagne. La voiture s'arrête. On a crevé. Le chauffeur parle à Laetitia. Le chauffeur sait que je suis chamane. Toute la vallée sait que je suis chamane. Laetitia se tourne vers moi.

— Tu veux que je te dise ce qu'il vient de me dire ?

— Pourquoi, c'est grave ?

— C'est pas grave, mais c'est bizarre, je te préviens...

— Dis toujours, je ne suis plus à ça près...

— Il a dit, en parlant de toi, que la montagne ne voulait pas laisser partir la chamane et que c'est pour ça qu'on a crevé...

Silence. On pense. Que c'est n'importe quoi. Pourquoi elle m'empêcherait de partir, cette montagne ? Je croise les doigts. Quand même. La roue réparée, nous reprenons la piste pour atteindre le col. Un Ovoo nous y attend, posé au sommet comme un gardien millénaire. Le chauffeur arrête la voiture. Nous descendons pour faire trois fois le tour de l'Ovoo. La chamane doit respecter la tradition. Et dire au revoir aux esprits de cette vallée. Les pieds dans les cailloux, je m'approche de la pyramide de branches et de pierres. Dans le sens des aiguilles d'une montre j'entame le premier tour. Je jette un caillou. Première offrande. « Tu veux bien me laisser partir, montagne ? Je dois poursuivre le chemin, ne me retiens pas... » Deuxième tour. « Mais qu'est-ce que je fais, moi ? Sinon te retenir... » Larmes aux yeux. Deuxième offrande. C'est toi qui m'as soufflé ces paroles ? Pour que je comprenne ? Pour que je te laisse poursuivre ton chemin ? Troisième tour. Dernier caillou. Pour toi. Qui apparais, là, sur ton cheval. Tu t'arrêtes devant moi. Tu me regardes sans rien dire. J'ai compris. Tu vas prendre le chemin des étoiles. Et je vais continuer sur cette terre. Maintenant je sais que nos dimensions sont parallèles. Et que nos parallèles se rejoignent à l'infini. C'est même toi qui m'as montré le chemin. Finalement l'amour est plus fort que la mort.

— Qu'est-ce que tu fous, chamane ?

Laetitia m'appelle. Elle est dans la voiture avec le chauffeur. *Chamane.* J'ai toujours du mal à croire que c'est de moi qu'on parle. Qu'est-ce que je dois faire ? Est-ce que je vais réussir à devenir ce messager sans visage, sans ego, qui doit traverser ses peurs pour trouver les réponses ? J'ai le trac. De devoir devenir ce que je suis. Ça, au moins je le sais. Je sais aussi que le seul moyen d'avoir certaines réponses est d'enfiler ma combinaison de super-woman et de faire des excès de vitesse dans le son...

— J'arrive ! Je jetais des cailloux à l'Ovoo...

— Dépêche, le chauffeur dit que le temps passe. On a encore trente heures de piste à faire...

— Et alors ! C'est pas le temps qui passe, c'est nous !

Pomme S.

Mes remerciements à Jacques-Olivier Manent, ambassadeur de France en Mongolie, pour être intervenu auprès des autorités mongoles et avoir ainsi évité qu'on me confisque le tambour lors du passage de la douane.

Mes remerciements à Naraa, grâce à qui j'ai pu rencontrer Enkhetuya et Balgir.

Mes remerciements à Laetitia Merli, avec qui nous continuons cette expérience à Paris.

Psychisme et chamanisme

La chamane blanche
Olga Kharitidi

Lorsque Olga Kharitidi, brillante psychiatre russe, part brusquement pour la Sibérie, dans les montagnes de l'Altaï, elle ne se doute pas que ses conceptions de la réalité, de la science et de l'esprit vont être bouleversées. Guidée et initiée par la chamane Oumaï, la jeune femme découvrira la source universelle des traditions mystiques et la véritable nature de l'âme humaine. Mais elle apprendra surtout à mieux guérir ses patients, dont les souffrances n'auront plus de mystère pour elle.

(Pocket n° 10256)

Achevé d'imprimer sur les presses de

BUSSIÈRE

GROUPE CPI

à Saint-Amand-Montrond (Cher)
en décembre 2005

POCKET - 12, avenue d'Italie - 75627 Paris Cedex 13
Tél. : 01-44-16-05-00

— N° d'imp. : 52930. —
Dépôt légal : janvier 2006.

Imprimé en France